Heiner Hastedt · Gefühle

Heiner Hastedt

Gefühle

Philosophische Bemerkungen

Philipp Reclam jun. Stuttgart

RECLAMS UNIVERSAL-BIBLIOTHEK Nr. 18357

Gesamtherstellung: Reclam, Ditzingen. Printed in Germany 2005
RECLAM, UNIVERSAL-BIBLIOTHEK und
RECLAMS UNIVERSAL-BIBLIOTHEK sind eingetragene Marken
der Philipp Reclam jun. GmbH & Co., Stuttgart
ISBN 3-15-018357-X

www.reclam.de

Inhalt

Einleitung

> Die Gefühle sind die wahren Einwohner der menschlichen Lebensläufe [...]. Und zugleich verändert sich das menschliche Lebewesen so wenig.[1]
>
> Alexander Kluge

Warum ein *philosophisches* Buch über Gefühle? Wäre es nicht angemessener, dieses Thema den Psychologen oder den Neurobiologen zu überlassen? Oder der Literatur und dem vertrauten Gespräch? Gar dem sprachlosen Fühlen selbst? Gefühle stehen für die Höhen und Tiefen des Lebens. Sie sind etwas Besonderes. Über Gefühle mit allgemeinen Worten zu schreiben, scheint ein heikles Unterfangen zu sein. Auch wenn es das Entscheidende der Gefühle sein mag, sie zu haben statt über sie zu reden, bleibt es gerade in der rationalisierten Gesellschaft eine Herausforderung, Gefühle nicht nur dem bloß Sehnsuchtsvollen zu überlassen: Es gehört zur Dialektik der Aufklärung, dass am Rande des Geplanten, des Effektiven, des Kognitiven und des Wissenschaftlichen umso stärker der Unsinn, die schrägen Merkwürdigkeiten und überhaupt Irrationales gedeihen.[2] Eine Philosophie der Gefühle versucht, dieser Dialektik der Aufklärung zu entgehen und Gefühle zu würdigen, ohne zum Irrationalismus überzulaufen. So will

1 Kluge, *Chronik der Gefühle*, S. 7. – Die vollständigen Titelangaben finden sich im Literaturverzeichnis.

2 Die ›Dialektik der Aufklärung‹ steht für die Vielzahl nicht intendierter Nebenfolgen, die quasi hinterrücks auf die Handelnden zurückschlagen. Siehe eigentlich Horkheimer/Adorno, *Dialektik der Aufklärung*. Vgl. Meier-Seethaler, *Gefühl und Urteilskraft*, S. 19 (Kursivsetzung nicht übernommen): »Wenn das komplexe Gebiet der menschlichen Gefühle von der offiziellen Wissenschaft ignoriert oder zumindest vernachlässigt wird, so fristen die emotionalen Bedürfnisse ein vom Denken abgespaltenes Dasein und sind, je mehr sie verdrängt werden, umso anfälliger für selbsternannte Heilslehrer, Fundamentalisten und Demagogen.«

dieses Buch sachliche Anmerkungen zu etwas selbst die Sachlichkeit Überschreitendes bieten und dabei das Deutungsmonopol der empirischen Wissenschaften – vor allem der Naturwissenschaften – ebenso umgehen wie eine Selbstentfremdung vermeiden, die sprachlos macht und Gefühle als zu wenig greifbar gar nicht thematisiert.

Ist es nur ein Vorurteil, wenn über die philosophische Tradition die Einschätzung kursiert, dass sie die Vernunft verkörpert, Gefühle in ihr zu kurz kommen und diese – wenn sie überhaupt erörtert werden – als irrational gelten? Viele Textstellen, die bei Autoren wie Platon, Aristoteles und Immanuel Kant zu finden sind, lassen sich als Bestätigung einer solchen Zusammenfassung lesen. Gleichwohl – so wird sich zeigen – gab es in der Philosophie immer auch eine andere, den Gefühlen mit mehr Wohlwollen begegnende Tradition. So rückt der Vernunftphilosoph Kant seine eigene Ausrichtung in ein anderes Licht: »Aus so krummem Holze, als woraus der Mensch gemacht ist, kann nichts ganz Gerades gezimmert werden.«[3] Mit diesem Vergleich relativiert Kant die Vernünftigkeit des Menschen und setzt einen Akzent, der bei dem Theoretiker des Antagonismus von Verstand und Sinnlichkeit, von Pflicht und Neigung überraschen mag. Die Tonlage dieser Kant-Bemerkung erleichtert es, sich philosophisch den Gefühlen zu nähern, ohne sie gleich abzuwerten oder an die Stelle der Vernunft setzen zu wollen. Bei aller wünschenswerten Aufwertung der Gefühle in der Selbstdeutung des Menschen gibt es nämlich keinen Anlass, in ein Loblied der Gefühle einzustimmen: Gefühle können zerstören, zur Raserei treiben, blockieren und sprachlos machen. Gleichwohl gehören sie zur Gattungsausstattung des Menschen und lassen sich nicht vermeiden. Deshalb gehen solche philosophischen Gedanken in die Irre, die eine anthro-

3 Kant, *Ideen zu einer allgemeinen Geschichte in weltbürgerlicher Absicht*, S. 41.

pologische Vernünftigkeit des Menschen auf Kosten der Gefühle behaupten. Der Begriff der menschlichen Vernunft ist heute auf eine Art und Weise neu zu bestimmen, dass er sich nicht gegen Gefühle richtet; denn im Prinzip sind diese mit der Vernunft vereinbar, vielleicht sogar selbst vernünftig. So prägt eine Doppelstruktur dieses Buch: Zum einen betone ich, dass Gefühle uns nicht-hintergehbar bestimmen und die natürliche Gattungsausstattung überzogene Vernunftansprüche obsolet macht. Zum anderen halte ich daran fest, dass Gefühle unsere gegenseitige Wertschätzung als Menschen keineswegs deterministisch untergraben. Anders als eine allzu abstrakt und ortlos verstandene Vernunft kann die Würdigung von Gefühlen die Zerbrechlichkeit des Menschen verdeutlichen und eben deshalb die Wertschätzung des einzelnen Menschen befördern.[4]

Werte und Normen, die meinen, Vernunft nur *gegen* Gefühle stark machen zu können, dürften jedenfalls auf dem Holzweg sein. Eine überholte Anthropologie, die Gefühle vernachlässigt, belastet seit der Aufklärungszeit eine universalistische Ethik unnötigerweise. Der Grundgedanke der universalistischen Ethik, in den Menschenrechtserklärungen ebenso wie in der Parole »Freiheit, Gleichheit, Brüderlichkeit« formuliert, gewinnt an Überzeugungskraft, wenn er sich frei macht von kontroversen Bestimmungen des Menschen: Jeder einzelne Mensch ist

4 Mit dem Thema »Gefühle« greife ich ein Grundmotiv meiner bisherigen Abhandlungen wieder auf: Mir ist es wichtig, Autonomie und Vernunft – so wie sie besonders in der Aufklärungszeit profiliert werden – an ihren Rändern aufzusuchen. In *Das Leib-Seele-Problem* setze ich mich mit der naturwissenschaftlichen Dominanz bei der heutigen Deutung des Seelischen auseinander und versuche, in der Teilnehmerperspektive traditionelle Selbstdeutungen eines autonomen Menschen aufrecht zu erhalten. *Aufklärung und Technik* erörtert die Möglichkeiten einer Steuerung des technischen Fortschritts und definiert ethische Kriterien der Technik. *Der Wert des Einzelnen* versucht unter sozialphilosophischen Gesichtspunkten die normative Wertschätzung jedes einzelnen Menschen mit der Einsicht in die faktische Kontingenz menschlichen Daseins zu verbinden.

gleichermaßen zu berücksichtigen, unabhängig davon, wie vernünftig dieser Mensch gedacht wird. Es geht um eine neue Demut im Menschenbild und eine Abkehr von einer überzogenen Vernunft-Emphase, die als Schutz gegen die alte Abwertung der Gefühle im Menschenbild ebenso wirkt wie gegen den naturwissenschaftlichen Triumphalismus, der eine neue Einseitigkeit im Menschenbild markiert. Der Blick auf Gefühle mag ohnehin freier werden, wenn eine ablenkende Sehnsucht nach dem Absoluten aufhört oder an Bedeutung verliert. Gefühle sind die Agenten des Alltäglichen – selbst wenn es große Gefühle sind.

1. Was sind Gefühle?

Bei der Erinnerung an persönlich bedeutsame Gefühle drängen sich als Erstes Szenen der Leidenschaft, des Streites und der Tränen auf. Die Bilder schwanken zwischen dem Romantischen und dem Grauenhaften, nur groß scheinen diese Gefühle immer zu sein. Auch filmisch ist das Thema gut besetzt: Vom klassischen Humphrey Bogart – »Ich schau dir in die Augen, Kleines!«[1] – bis zu Szenen heutigen Gefühlskinos scheint es endlos Bilder des intensiven Fühlens zu geben. Die Musik gilt als Kunst des Gefühls; jedes Lesen eines Romans bedient Gefühle.

Hermann Schmitz ist einer der wenigen Philosophen, der in der gegenwärtigen deutschen Philosophie Gefühle überhaupt einer begrifflichen Erörterung für würdig befunden hat. Von ihm stammt eine erste Charakterisierung: »In unserer Lebenserfahrung sind die Gefühle und das leibliche Befinden die Faktoren, die merklich dafür sorgen, dass irgend etwas uns angeht und nahegeht. Denken wir sie weg, so wäre alles in gleichmäßige, neutrale Objektivität abgerückt. Sogar der Einzelne für sich selbst wäre dann nur ein Objekt unter Objekten.«[2] In der englischsprachigen Philosophie ist es vor allem Martha Nussbaum, die sich um eine Thematisierung und Aufwertung der Gefühle bemüht, um einer Abwertung von angeblich gefühlsdominierten Frauen entgegenzuarbeiten: »Frauen sind gefühlsbetont, Gefühle sind etwas Weibliches. Diese in westlichen und nicht-westlichen Traditionen weit verbreitete Auffassung dient seit Tausenden von Jahren auf unterschiedliche Weise dazu, Frauen von einer vollwertigen Teilnahme an der menschlichen Gemeinschaft auszuschließen und die moralische Erziehung der Männer – in einer auch für de-

1 Im englischen Original heißt es: »Here's looking at you, kid.«
2 Schmitz, *Leib und Gefühl*, S. 107.

ren Entwicklung oft abträglichen Weise – in eine bestimmte Richtung zu lenken.«[3] Die Definition von Gefühlen scheint vor diesem Hintergrund keine neutrale Angelegenheit zu sein, sondern bereitet vor, ob Frauen und Männern gleichermaßen eine Chance auf ihre eigenen Gefühle zugesprochen wird.

Auch wenn jeder zu wissen scheint, was sie ausmacht, gibt es eine begriffliche Unklarheit: »Die Verlegenheit, über Gefühle zu sprechen, beginnt beim Wort.«[4] Beim Nachdenken über Gefühle wird zunächst ihre Vielfalt sichtbar, die im Deutschen durch Wörter wie ›Emotionen‹, ›Empfindungen‹, ›Leidenschaften‹ und – heute selten – ›Affekte‹ unterstrichen wird. Im Englischen haben wir es mit ›emotion‹, ›feeling‹, ›passion‹, ›sensation‹ zu tun. Im Französischen fällt besonders das Wort ›sentiment‹ auf, das zunächst ähnlich wie die deutsche ›Emotion‹ daherkommt, aber auch an ›sentimental‹ und damit an die ›Empfindsamkeit‹ erinnert, die aus der deutschen Umgangssprache fast ganz verschwunden ist. Wie verhalten sich die genannten Wörter zu dem Ausdruck ›Gefühle‹? Ich schlage vor, Gefühle als Oberbegriff für die ganze Vielfalt der Gefühlsausdrücke zu benutzen und die folgenden acht Untergruppen zu bilden:

Leidenschaften
Emotionen
Stimmungen
Empfindungen
sinnliche Wahrnehmungen
Wünsche

3 Nussbaum, *Gerechtigkeit oder Das gute Leben*, S. 131. Vgl. Nussbaum, *Konstruktion der Liebe, des Begehrens und der Fürsorge*.

4 Schmitz, *Leib und Gefühl*, S. 19. Vgl. Rorty (Hrsg.), *Explaining Emotions*. In diesem Standardwerk wird mehrfach von der Herausgeberin (so S. 1 und 104) und anderen Autoren (zum Beispiel Adam Morton auf S. 153) betont, dass Gefühle keine »natural class« bilden und so in ihrer Abgrenzung nicht frei von Willkür sind.

erkennende Gefühle
Gefühlstugenden

Bei Leidenschaften handelt es sich um starke Gefühle, die uns antreiben und die Welt in ein neues Licht tauchen. Sie lassen sich nicht auf einen Winkel unseres Herzens eingrenzen, sondern prägen uns ganz und können sich bis hin zum Rausch entwickeln. Auch wenn sie vielfach Aktivität steigern oder doch begünstigen, steht ihnen das Subjekt mit einem Element von Passivität gegenüber, und manchmal ist der Anteil des Leidens an ihnen ebenfalls nicht zu übersehen (wie das englische *passions* auf der Basis des Griechischen heute noch verdeutlicht). Der Grad der Leidenschaftlichkeit ist bei Menschen unterschiedlich und kann auch innerhalb einzelner Lebensphasen eines Menschen schwanken.

Beispiele für Leidenschaften:

- Begeisterung (›Kaum ein Studienanfänger bringt die wünschenswerte Begeisterung für das gewählte Studienfach mit.‹)
- Eifersucht (›Eifersucht ist die Nachtgestalt der erotischen Liebe.‹)
- Enthusiasmus (›Ihr Enthusiasmus reicht aus, ihn auf jeden Berg zu treiben.‹)
- Hass (›Hass kennt kein Maß und raubt den Verstand.‹)
- Liebe/Erotik (›Von der großen romantischen Liebe träumt heutzutage jeder.‹)[5]
- Zorn (›Wenn ich nur an ihn denke, steigt mir die Zornesröte ins Gesicht.‹)

Emotionen sind langwellige Grundtönungen der Existenz und der Weltwahrnehmung, die sich punktuell in Leidenschaften äußern können, ohne dass dies zwingend ist. Zwar haben Emotionen oft einen körperlichen Bezug, dieser wird aber nicht als das Zentrale dieser Gefühle er-

5 Vgl. Illouz, *Der Konsum der Romantik*.

lebt. Wer sich beispielsweise freut, schwingt mit dem ganzen Körper mit; gleichwohl dominiert die Tönung der Weltwahrnehmung gegenüber dem Körperlichen.

Beispiele für Emotionen:

- Angst (›In der leistungsorientierten Gesellschaft nimmt Angst vor dem Versagen zu.‹)
- Freude (›Wenn die Leute sich doch mehr freuen würden, müssten sie den Alltag nicht so griesgrämig verbringen.‹)
- Liebe (›Ich liebe dich so wie du bist.‹)[6]
- Melancholie (›Ein Hang zur Melancholie wirkt tiefsinnig und gilt für Intellektuelle als schick.‹)
- Trauer (›Nur wer sich Trauer zugesteht, kann wirklich Abschied nehmen.‹)
- Vertrauen (›Weil ich ihm vertraue, glaube ich den über ihn kursierenden Geschichten nicht.‹)

Auch *Stimmungen*[7] haben – wie die Emotionen – den Charakter von Tönungen. Sie beziehen sich allerdings auf einzelne Situationen, in denen sie ein Element des Überindividuellen haben, auch wenn ein Einzelner sie durchaus an sich wahrnehmen kann. In Gruppen wirkt zwar jeder an ihnen mit, aber einer allein kann Gruppenstimmungen nicht von sich aus schaffen. Stimmungen können sehr unterschiedlich erlebt werden, ihnen kommt überhaupt eine merkwürdige Ungreifbarkeit zu. Neben Substantiven nutzen wir Adjektive, um sie zu umschreiben. Martin Heidegger charakterisiert sie in *Sein und Zeit* eindrücklich: »Die Stimmung überfällt. Sie kommt weder von ›Außen‹ noch von ›Innen‹, sondern steigt als Weise des In-der-Welt-Seins aus diesem selbst auf.«[8]

Beispiele für Stimmungen:

- Fröhlichkeit (›Sobald wir in diesen Kreis kommen, werden wir von der Fröhlichkeit der Leute angesteckt.‹)

6 Vgl. Wilson, *Ich liebe dich so wie du bist.*
7 Vgl. Bollnow, *Das Wesen der Stimmungen.*
8 Heidegger, *Sein und Zeit*, S. 136.

- Stimmung (›Die Stimmung war an diesem Abend von Anfang an frostig; sie wurde umso gedrückter, je länger der Abend dauerte.‹)

Empfindungen sind Körpergefühle. Im Englischen werden sie mit dem Wort *feeling* besonders deutlich von *emotion* abgesetzt. Sexuelle Lust ist sicher die am meisten interessierende Körperempfindung und verdeutlicht die Querverbindungen zur Erotik und zur Liebe als Leidenschaften und Emotionen. Als Körpergefühle gehören die Schmerzen vor allem in der analytischen Philosophie zu den mit Vorliebe thematisierten Gefühlen. Im Kontrast zu *sensation* als Wahrnehmung der Außenwelt werden Empfindungen häufig als Wahrnehmungen nach innen verstanden. Was bei allen Gefühlen mitschwingt, nämlich die leibliche Beteiligung, steht bei den Empfindungen im Zentrum der Aufmerksamkeit. In einer Welt des kognitiven Funktionierens kommen viele Empfindungen als Störungen der Normalität daher. Daher ist es ein Kunststück, Empfindungen (und sinnliche Wahrnehmungen) als tägliche Bereicherung des Lebens zu erschließen.

Beispiele für Empfindungen:

- Ekel (›Ich ekle mich vor Skorpionen, obwohl ich weiß, dass sie in Europa nicht allzu gefährlich sind.‹)[9]
- Depression (›Depression ist das klinische Wort für Melancholie.‹)[10]
- Scham (›Er wunderte sich, wie ein aufgeklärter Mensch sich so intensiv schämen kann.‹)
- Schmerz (›Ich habe Schmerzen, aber mein Arzt hält mich trotzdem für gesund.‹)
- Sexualität (›Ihnen als Paar ist nichts wichtiger als ihre Sexualität.‹)

9 Vgl. Menninghaus, *Ekel*, S. 7: Ekel »ist ein Alarm- und Ausnahmezustand, eine akute Krise der Selbstbehauptung gegen eine unassimilierbare Andersheit, ein Krampf und Kampf, in dem es buchstäblich um Sein oder Nicht-Sein geht. [...] Das elementare Muster des Ekels ist die Erfahrung einer Nähe, die nicht gewollt wird«.

10 Vgl. Hell, *Welchen Sinn macht Depression*.

- Wohligkeit (›Wenn ich in der ersten Frühlingssonne sitze, durchströmt eine kaum noch gekannte Wohligkeit meinen Körper.‹)

Es ist begrifflich nicht eindeutig, ob die *Wahrnehmungen unserer fünf Sinne* – Tastsinn, Geruchssinn, Schmecken, Hören, Sehen – selbst als Gefühle zu bezeichnen sind. Das erlebte Spüren von Wahrnehmungen führt zu Empfindungen; deshalb werden die sinnlichen Wahrnehmungen in dieser Aufzählung vorsorglich mit aufgenommen (mit den fünf Sinnen als selbstverständlichen Beispielen). Auch wenn die Unterscheidung von innen und außen selbst diskussionswürdig ist, so verweisen Wahrnehmungen begrifflich auf Äußeres und Empfindungen auf Inneres. Sexuelle Lust beispielsweise verarbeitet äußerliche Wahrnehmungen in innerlichen Empfindungen (da aber in der Phantasie die Innerlichkeit auch ohne Äußeres auskommt, rechne ich Sexualität gleichwohl zu den Empfindungen).

Wünsche sind besonders wichtig bei der Untersuchung von Handlungen. Hinter jeder Handlung lässt sich ein Wunsch rekonstruieren. Der Wille ist ein Wunschsortierer, ein Wunsch zweiter Ordnung. Bei Bedürfnissen und Interessen haben wir es ebenfalls mit Begriffen aus der Kategorie der Wünsche zu tun, der kognitive Anteil ist jedoch höher als bei einfachen Wünschen. Der englische Ausdruck *desire* tönt die Welt der Motive und Wünsche besonders ausdrucksstark in dem Sehnsuchtsvollen.

Beispiele, die primär den Ausdruck ›Wünsche‹ variieren:

- Bedürfnisse (›Wer kennt schon seine wahren Bedürfnisse.‹)
- Interessen (›Die Interessen von Arbeit und Kapital sind gegensätzlich, hieß es früher oft.‹)
- Lust (›Lust habe ich zwar keine, aber ich tue es trotzdem.‹)
- Neigungen (›Alle Erziehung zur geschlechtlichen Gleichberechtigung hat nicht verhindern können, dass

Jungen und Mädchen sehr oft unterschiedliche Neigungen haben.‹)

Gefühle – keineswegs nur Verstand und Vernunft – können erkennen oder zumindest die Erkenntnis erweitern. *Erkennende Gefühle* zeigen ohne große Begrifflichkeit Sachverhalte auf, erahnen den Charakter von Personen und führen zu Erkenntnissen, wo der Verstand noch ohne Ergebnisse bliebe.

Beispiele für erkennende Gefühle:

- Emotionale Intelligenz (›Der IQ hat sich überlebt; heute zählt emotionale Intelligenz.‹)[11]
- Intuition (›Ich weiß wenig über ihn, aber meine Intuition sagt mir: Vorsicht! Ehrlichkeit ist nicht seine Stärke.‹)
- Kreativität (›Wenn die Leute kreativer wären, würden sie sich nicht mit so wenig zufrieden geben.‹)[12]
- Phantasie (›Die Phantasie an die Macht!‹)

Eine letzte Gruppe sind die *Gefühlstugenden.*[13] Anders als eine sich rein kognitiv verstehende Ethik behauptet, haben die traditionellen ebenso wie die modernen Tugenden einen starken Gefühlsanteil. Es wäre jetzt übertrieben zu sagen, dass alle Tugenden selbst Gefühle sind. Dies gilt für die Kardinaltugenden Weisheit, Tapferkeit, Mäßigung und Gerechtigkeit sicher nicht durchgängig. Für die Tapferkeit, vielleicht sogar für die Mäßigung durchaus. Auch für die Tugenden der Ehre, des Mutes, des Fleißes und der Geduld – heute oft als altmodisch verstanden – spielen Gefühle eine große Rolle. Dies gilt ebenso für einige Laster, deren Gefühlsanteil manchen Tugenden nicht nachsteht.

11 Siehe im zweiten Kapitel den Hinweis auf die emotionale Intelligenz und die dort genannte Literatur von Daniel Goleman, dem Propagandisten der emotionalen Intelligenz.

12 Siehe im dritten Kapitel die ausführliche Erörterung der Kreativität und vgl. die dort genannte Literatur.

13 Vgl. Döring/Mayer (Hrsg.), *Die Moralität der Gefühle.*

Beispiele für Gefühls(un)tugenden:

- Geiz (›Sein ohnehin schon sprichwörtlicher Geiz wurde im Alter immer schlimmer.‹)
- Gewissen (›Eigentlich hatte ich mich schon entschieden, sein Anliegen zu ignorieren, aber in der schlaflosen Nacht regte sich mein schlechtes Gewissen.‹)
- Mitleid (›Trotz seiner markigen Worte hat er doch meist Mitleid.‹)

Die Beispiele zu den acht Untergruppen ließen sich fast endlos erweitern. Von Müdigkeit, Neid, Aggressivität, Ekstase, Verachtung, Gemütlichkeit, Neugierde usw. könnte gesprochen werden. Auch dürfte in diesem Sortierungsvorschlag für die Vielfalt der Gefühle nicht jede Einordnung evident sein. So mag man bei Scham und Ekel lange darüber nachdenken, ob es sich hierbei wirklich – so habe ich mich entschieden – um körperbezogene Empfindungen handelt. Oder doch um Emotionen? Gar nicht erst versucht habe ich die Einordnung der Nervosität.[14] Ist Nervosität auch eine das Klinische berührende Empfindung? Oder eine Emotion? Vielleicht gar eine kulturell veranlasste Stimmung? Zuordnungsprobleme würden auch einige weitere Begriffe aus dem Komplex der Gefühle aufwerfen, die wohl dazugehören, aber nicht genau einer Überschrift zugeordnet werden können, zum Beispiel Authentizität, Selbstverwirklichung und Glück. Authentizität und Selbstverwirklichung – so schlage ich vor – sind keine Gefühle, sondern Deutungskategorien für Gefühle. Ähnlich kann man über das Glück des Menschen urteilen, auch wenn Glücksmomente zu den Leidenschaften gehören und Glück wohl auch als Emotion angesehen werden kann.

Innerhalb der Typologie der Gefühle lassen sich zwei konzentrische Kreise denken: In einen inneren Kreis gehören die Leidenschaften, die Emotionen, die Stimmungen und die Empfindungen, die die Kernbedeutung des Begrif-

14 Vgl. Radkau, *Das Zeitalter der Nervosität.*

fes der Gefühle ausmachen. Den äußeren Kreis bilden die sinnlichen Wahrnehmungen, die Wünsche, die erkennenden Gefühle und die Gefühlstugenden. Hierbei haben wir es mit Gefühlen zu tun, die gleichzeitig in andere Bereiche menschlicher Fähigkeiten hineinragen. Um ein möglichst vollständiges Bild der Gefühle zu entwickeln, sollte dieser äußere Kreis nicht von vornherein vernachlässigt werden.

Es ist nicht möglich, keine Gefühle zu haben. Gefühle prägen uns immer. Was irrtümlich als gefühllos daherkommt, sind im Grunde andere Gefühle, nämlich solche der Disziplinierung, der Distanz, des unterdrückten Gefühlsausdruckes. Aber gibt es nicht so etwas wie große Gefühle? Ja, sicher. Allerdings handelt es sich bei dem Adjektiv »groß« um eine Bewertungsvokabel und nicht um eine echte Quantifizierung. Darüber hinaus lassen sich die Assoziationen, die sich um die großen Gefühle bilden, nunmehr den Leidenschaften als einer Gruppe der Gefühle zuweisen. Unter der Überschrift »Gefühle« haben wir es also mit einem Spektrum zu tun, das von den Leidenschaften über Emotionen, Stimmungen zu den Empfindungen reicht und sich noch auf Wahrnehmungen, Wünsche, erkennende Gefühle und Gefühlstugenden ausdehnen lässt. Gefühle im Sinne der Wünsche sind dabei unvermeidbar; Wünsche lassen sich immer entdecken. Dies gilt für Gefühle im Sinne der Leidenschaften nicht: Leidenschaften sind ganz besondere Gefühle – im positiven wie im negativen Sinne. Zu Leidenschaften neigt nicht jeder; so sind Gefühle und Leidenschaften nicht einfach gleichzusetzen.

Ergibt sich hier nicht ein Widerspruch zu meinen Anfangssätzen: »Gefühle stehen für die Höhen und Tiefen des Lebens. Sie sind etwas Besonderes. Über Gefühle mit allgemeinen Worten zu schreiben, scheint ein heikles Unterfangen zu sein.« Und nun formuliere ich den Satz: »Es ist nicht möglich, keine Gefühle zu haben.« Wie kann etwas besonders sein, das zugleich unvermeidlich ist? Die Antwort lautet: Gefühle sind in unserem subjektiven Erleben etwas, das uns die Welt innen und außen als besonders empfinden lässt. Auch wenn jede Person die Fähigkeit hat, das Besondere durch das Gefühl zu erschließen, bleibt es etwas Besonderes. Thomas Nagel hat einen benachbarten Punkt in seinem Aufsatz »What is it Like to Be a Bat« herausgearbeitet: In der Innenperspektive etabliert sich ein Fühlen selbst, das in einer Außenperspektive nicht begrifflich verfügbar ist.[15] Gefühle dienen also dazu, die Perspektive einer Besonderheit hervorzubringen und so eine innere Beteiligung zu schaffen. Sie sind Agenten der Wichtigkeitsbesetzung und führen ein »In-etwas-Involviert-Sein«[16] herbei. Entsprechend sperren sich Gefühle gegen allgemeine Worte, weil diese gerade das Spezifische des leiblich-seelischen Involviertseins verfehlen.[17] Wer genau weiß, dass Menschen zur geschlechtlichen Liebe geradezu getrieben werden, wird dies in einer intimen Situation der Vertrautheit trotzdem eher als störende Information abweisen. Zu den Gefühlen gehört, dass sie die Wichtigkeitsbesetzung mit Erfolg vornehmen und sich nicht durch allgemeine Perspektiven stören lassen. Einsicht in die Allgemeinheit der Liebe bedeutet das Ende

15 Siehe die deutsche Übersetzung in: Nagel, *Über das Leben, die Seele und den Tod*, S. 167–184. Dieser Aufsatz hat in der analytischen Philosophie des Geistes die Qualia-Debatte ausgelöst, die sich um die Frage dreht, ob die qualitative Dimension der Selbsterfahrung durch objektive Wissenschaften erfasst werden kann.

16 So Heller, *Theorie der Gefühle*, S. 19: »*Fühlen* heißt, *in etwas involviert zu sein.* […] Ich fühle = ich bin in etwas involviert.« Vgl. Steinfath, *Orientierung am Guten*, S. 116 ff.

17 Mit dem Ausdruck »leiblich-seelisch« nehme ich nicht Bezug auf die elaborierte Leib-Seele-Debatte, die in der heutigen Philosophie primär als Geist-Körper-Debatte um die Reichweite neurobiologischer Konzepte geführt wird. Siehe unten noch im vierten Kapitel und vgl. Hastedt, *Das Leib-Seele-Problem*. Vielmehr ist umgangssprachlich das nicht nur gedankliche Involviertsein, sondern das Mitschwingen der ganzen Person auch in ihrer Leiblichkeit gemeint.

der besonderen Liebe. Gefühle tönen die Welterschließung und die Wahrnehmung von uns und anderen: »Gefühle sind Atmosphären, die freilich nicht wie das Wetter physikalisch interpretierbar sind, diesem aber in anderer Hinsicht ähneln.«[18] Die bisher genannten Aspekte lassen sich in folgender Umschreibung zusammenfassen: *Der Begriff des Gefühls steht für vielfältige Formen des leiblich-seelischen Involviertseins, das Besonderheit qualitativ erfahrbar macht und so Wichtigkeitsbesetzung ermöglicht.*

Wie passt die Kombination von Besonderheit und Allgemeinheit der Gefühle dazu, die Akte der Selbstdisziplinierung, die geradezu die Besonderheit wegsortieren, ebenfalls als Gefühle zu bezeichnen? Die Besonderheit könnte darin liegen, die Person als eine besondere Person zu etablieren, die gegen die Eindrücke der Spontaneität ihren eigenen Weg diszipliniert durchhält. Durch das Gefühl gelingt es beispielsweise im Stolz auf das Geleistete, die Disziplinierung als wichtig zu besetzen. Oder anders ausgedrückt: Die Disziplinierung und die Fähigkeit zur Distanz sind Gefühle zweiter Ordnung, die im Täglichen gefühlsarm wirken. Ähnlich bei der Depression: Gerade weil hier die Wichtigkeitsbesetzung nicht mehr gelingt, können wir erkennen, dass die Depression als auf Dauer gestelltes Distanzgefühl fungiert. Ein Gefühl der Gefühlsarmut also. Gefühle erster Ordnung ermöglichen einen Zugang zur Welt, der die Partikularität der Welt positiv oder negativ auflädt. Dies gilt für die Emotion der Liebe genauso wie beispielsweise für die Offenheit gegenüber einer Stimmung in einem freundschaftlichen Gespräch. Wenn die Aufladung im Einzelfall oder auf Dauer misslingt, haben wir es begrifflich gesehen gleichwohl mit Gefühlen (zweiter Ordnung) zu tun. Erst wenn jemand bereits in die Welt

18 Schmitz, *Leib und Gefühl*, S. 22. Vgl. Schmitz, *Der Leib, der Raum und die Gefühle*, S. 22 mit folgender Zuspitzung: »Gefühle sind räumlich, aber ortlos, ergossene Atmosphären.«

involviert ist, kann sekundär das Involviertsein der Distanz und – paradox ausgedrückt – des Nicht-Involviert-Seins ausgebildet werden.

Jede Begriffsdefinition enthält ein Element der Willkür: So sind Gefühle letztlich das, was wir als Gefühle definieren. Dementsprechend können Gefühle eng oder weit gefasst werden. Wer meint, sie auf Leidenschaften eingrenzen zu wollen, hat begrifflich nicht von vornherein Unrecht. Trotzdem ist diese Gleichsetzung aus zwei Gründen nicht empfehlenswert: Zum einen wird so eine Erwartungsüberlastung geschaffen oder jedenfalls nahegelegt. Die größte Liebe – als Emotion – kann gefährdet werden, wenn die Partner immerzu nach Leidenschaft fahnden; dabei mag es nicht als die schlechteste Entwicklung gelten, wenn aus der großen Leidenschaft eine auf Dauer gestellte Emotion wird (statt abrupt zu enden oder gar in Hass umzuschlagen). Zum anderen werden Gefühle in ihrer Irrationalität überbewertet, wenn man sie primär als Leidenschaften deutet (gleichgültig, ob nun die Leidenschaft geschätzt oder abgelehnt wird). Deshalb ist es hilfreich, Leidenschaften nur als eine der Gruppen von Gefühlen anzusehen und den Weg einer weiten Gefühlsdefinition zu wählen, zumal es durch eine enge, gar reduktive Begriffsdefinition leichter gemacht wird, Gefühle in eine abwertende Ecke zu stellen.

Insbesondere Gilbert Ryle kritisiert, dass wir mentale Phänomene unter Einschluss der Gefühle mit Hilfe von Substantiven kategorisieren, und warnt vor Wörtern wie Geist und Seele, aber auch Freiheit.[19] Die unbedachte Verwendung von Substantiven für das Mentale verführe zu der Deutung, es gebe all dies genauso, wie es Tische gebe. In Übereinstimmung mit Ryle sollte daran gedacht werden, dass es die Sachverhalte beispielsweise auf meiner Liste der Gefühle nur in einem eingeschränkten Sinne

19 Ryle, *Der Begriff des Geistes*.

›gibt‹. Die Substantive stellen Kategorien bereit, was nicht heißt, dass es in der Wirklichkeit selbst nur nach dieser einen Sortierung zugeht. Aus pragmatischen Gründen behalten Substantive ihre Bedeutung; dies leugnet auch Ryle nicht. Die sprachphilosophisch aufgeklärte Verwendung von Substantiven erfordert ein Verständnis dafür, dass sie keine einfachen Abbildungen von inneren Gegenständen sind, sondern Abstrakta, die auf umgangssprachlich eingespielte Art und Weise die Wirklichkeit sortieren.

Weil Gefühle so wichtig sind für das Besondere, sollte man bei der Sichtung selbst auch die Besonderheit und Vielfältigkeit der Gefühle zulassen. Die Vielfalt nicht zu reduzieren, ist deshalb ein wichtiger Einstieg im Nachdenken über Gefühle. In der Philosophie kursieren jedoch Verkürzungen und Gleichsetzungen, manchmal ganze Reduktionsprogramme, die Gefühle einseitig von einer Gruppe her deuten und beispielsweise auf bewusste Gefühle, auf Handlungen, auf Empfindungen oder auf Intentionalität reduzieren:

Ein Reduktionsprogramm, das die neuzeitliche Philosophie seit Réne Descartes geprägt hat, besteht in der *Gleichsetzung von Gefühlen und bewussten Gefühlen*. Entsprechend wird in der Tradition der Bewusstseinsphilosophie Gefühlen wie dem bewussten Denken auch eine vollständige Transparenz zugeschrieben und ein privilegierter Zugang zu den eigenen Gefühlen unterstellt: Das Ich hat eine nicht hintergehbare Autorität, was die eigenen Gefühle angeht. Demnach kann nur ich selbst beurteilen, ob mein *ich liebe dich* der Wahrheit entspricht. Solange ich ehrlich bin, kann also nichts diese Behauptung dementieren. Selbsttäuschung ist in der Tradition der Bewusstseinsphilosophie begrifflich nicht vorgesehen.

Während Descartes eine Gleichsetzung mit den bewussten Gefühlen vornimmt, spielt in der Philosophie des 20. Jahrhunderts eine *Orientierung der Gefühle an den Handlungen* eine zentrale Rolle. Im Hintergrund steht der psychologische und philosophische Behaviorismus, der in Kritik an der Gleichsetzung von Gefühlen mit bewussten Gefühlen den Verhaltensbezug des Mentalen überzeichnet. Der Behaviorismus verfehlt insgesamt den Punkt des Mentalen und damit auch der Gefühle, wenn er sie nur von ihren Wirkungen für Handlungen deutet. Gefühle haben einen Eigenwert, der in einer Deutung von ihren möglichen Handlungsfolgen her zu kurz kommt; denn Gefühle als Involviertsein tragen ihre Bedeutung in sich selbst.[20]

Die *Reduktion von Gefühlen auf Empfindungen* (»ich habe Schmerzen«) in der analytischen Philosophie hat vor allem innertheoretische Gründe und resultiert nicht aus einer Beachtung der Phänomene. Empfindungen wie Schmerzen sind für die analytische Philosophie stellvertretend wichtig für Subjektivität überhaupt und drängen sich wegen ihrer gleichzeitigen Körperorientierung auf, die prinzipiell eine wissenschaftliche Reduktion ermöglicht. Der Sache nach ist es allerdings verkürzend, alle Gefühle nach dem Muster der (Körper-)Empfindungen deuten zu wollen. Bei der Liebe als Leidenschaft und Emotion beispielsweise ergibt sich ein falscher Akzent, wenn man sie nur körperbezogen in Analogie zu den Schmerzen als Empfindung deutet. Selbstverständlich soll nicht der Körperbezug der Liebe geleugnet werden; doch Leidenschaft und Emotion bedienen sich der Körperlichkeit, ohne selbst darin aufzugehen.

In der Debatte um mentale Phänomene haben besonders Franz Brentano und Edmund Husserl die *Intentionalität* als zentrales Merkmal des Mentalen genannt und diese Gerichtetheit auch auf Gefühle bezogen. Sind beispielsweise Stimmungen als eine Teilgruppe der Gefühle aber wirklich intentional, oder entfalten sie nicht vielmehr

20 Vgl. Wollheim, *Emotionen*, der die Gefühle von den Wünschen her erschließt, zum Beispiel S. 31 f.

gerade in der Ungerichtetheit ihre Wirkung?[21] Es kann geradezu als Besonderheit einiger Gefühle verstanden werden, dass sie in ihrer Tönung der Existenz ohne Richtung bleiben. Dies wird besonders deutlich bei dem Begriff der Stimmung von Martin Heidegger, der über meinen Begriff einer situativen Stimmung noch hinausgeht. Die Stimmung verweist bei Heidegger auf die Gestimmtheit, die zur Erschlossenheit der Welt als einem Grundmotiv der Daseinshermeneutik Heideggers gehört. Er erläutert, »daß die Stimmung das Dasein vor das Daß seines Da bringt«.[22] Trotz seiner eigenständigen Begriffsverwendung gibt es bei Heidegger insbesondere mit der ›Angst‹ einen Ausdruck, der in einer Gefühlstradition steht, auch wenn Heidegger Wert darauf legt, dies nicht psychologisierend zu verstehen. Stimmung und Angst bei Heidegger sind jedoch nicht intentional im Sinne von Brentano und Husserl, sondern in ihrer Bedeutung für die Erschlossenheit so grundlegend, dass auf ihrer Basis die alltägliche Intentionalität vieler Gefühle erst ermöglicht wird.[23]

21 Selbst wenn es in der Regel richtig sein sollte, dass sich Mentales auf etwas bezieht, bleibt die Frage, ob diese Einsicht wirklich zum Verständnis von Gefühlen beiträgt. Die Analyse mit Hilfe der Intentionalität, die sich in ihrem Entstehungskontext vor allem für die begriffliche Unterscheidung von Mentalem und Körperlichem interessiert, ist in ihrer Künstlichkeit für das Verständnis von Gefühlen unergiebig.

22 Heidegger, *Sein und Zeit*, S. 136. Vgl. S. 136 f. zur Befindlichkeit. (Alte Rechtschreibung im Zitat beibehalten.)

23 In der Heidegger-Tradition gibt es selbst eine reduktive Tendenz mit einer Überbetonung der existentiellen Emotionen. Banalere Gefühle wie Wünsche, aber auch Leidenschaften kommen demgegenüber zu kurz.

2. Der Dualismus von Verstand und Gefühl

> Diese rückhaltlose Bejahung aller Phänomene, die die Gegenwart des anderen uns zuspielt, ist die Voraussetzung dafür, dass er *unsere* gespaltene Ansicht von ihm aufhebt und *uns* von engstirnigem Dualismus befreit.[1]
>
> Botho Strauß

Die Entgegensetzung von Verstand und Gefühl hat wesentlich zur Abwertung der Gefühle beigetragen, insofern die Zweiteilung des Menschen eine Hierarchisierung nahelegt: Ohne Dualismus gäbe es keinen Angriffspunkt für eine Abwertung.[2] Hermann Schmitz liefert eine klare Diagnose, wie es in der philosophischen Tradition zu einer unangemessenen Deutung der Gefühle gekommen ist: »Für diese jahrtausendelange Schule des Sich-Abfindens mit dem Gefühl ist dreierlei charakteristisch: die Einteilung des Menschen in Körper und Seele, die Hineinverlegung (Introjektion) der Gefühle in die Seele und die Verteilung der Gefühle innerhalb der Seele auf eine Skala zwischen Sinnlichkeit und Geist.«[3] Neben der abendländischen Tradition der Gefühlsabwertung, die Hermann Schmitz in den Mittelpunkt seiner Analyse rückt, gibt es allerdings viele andere Autoren in der Philosophie, die dem Verstand keine Vorrangstellung einräumen.[4] Wenn

1 Strauß, *Das Partikular*, S. 119.

2 Helmuth Plessner weist allerdings zu Recht darauf hin, dass auch bei einer begrifflichen Dreiteilung in Denken, Wollen und Fühlen eine Abwertung der Gefühle möglich ist: »Als letztes in der von der Philosophie etablierten Trias kam das Fühlen dran. Ihm mangelte in den Augen der Forscher lange Zeit der sittliche Ernst der anderen Vermögen.« In: Plessner, *Mit anderen Augen*, S. 122.

3 Schmitz, *Leib und Gefühl*, S. 20.

4 Vgl. zum Beispiel Max Scheler, der in seiner materialen Wertethik den Gefühlen eine zentrale Stellung einräumt; außerhalb der Werkausgabe jetzt

Gefühle nicht abgewertet, sondern gewürdigt werden, kann entweder der Dualismus von Verstand und Gefühl unter umgekehrten Zeichen fortgesetzt oder der Versuch unternommen werden, ihn auch wirklich zu überwinden. Alle diese Positionen haben in der begrifflichen Entgegensetzung von Verstand und Gefühl allerdings ihren gemeinsamen Anfang.

Bei der Etablierung eines Dualismus von Verstand und Gefühl ist Platons Rolle hervorzuheben, auch wenn Forscher gerne sagen, Platon sei selbst kein Platonist gewesen: Er sei also für viele der Dualismen, die sich auf ihn berufen, selbst gar nicht verantwortlich. Insofern sei die Leibabwertung, zu der die Abwertung der Gefühle gerechnet werden kann, nicht ihm selbst zuzuschreiben, sondern seinen Nachfolgern in der platonischen Akademie und vor allem in der christlichen Tradition (nach der Entdeckung der Erbsünde). Dies mag wohl sein. Gleichwohl bietet Platon genug Anknüpfungspunkte für einen Dualismus, der das eigentlich Menschliche in der Seele sieht und eine Verachtung des körperlichen Gefängnisses empfiehlt. Wie sonst soll man die Abgeklärtheit des Sokrates angesichts seiner Verurteilung zum Tode deuten? Wird hier nicht der Eindruck erweckt, das eigentliche Leben der Seele sei durch den Tod gar nicht gefährdet? Und der Körper sei ohnehin bloß ein ungeliebter Kerker für die Seele? Auch das Gleichnis des Seelenwagens aus dem *Phaidros* stützt ein Platon-Bild, das den Gefühlen als Protagonisten des Körpers nicht günstig ist und ein gemischtes Bild der Seele selbst nahelegt:

> Verglichen sei sie der zusammengewachsenen Kraft eines geflügelten Gespannes und seines Lenkers. Der Götter Rosse und Lenker sind selbst edel und stammen

greifbar in der Textsammlung *Grammatik der Gefühle*. Scheler nennt die Trennung von Verstand und Gefühl ein »Vorurteil, das historisch seinen Ursprung in der antiken Denkweise hat« (S. 30).

von Edlen, die der übrigen sind gemischt. Und erstlich lenkt bei uns der Führer ein Zweigespann, aber da ist von den Rossen eines schön und edel und von edler Abstammung, das andere das Gegenteil davon in Abstammung und Artung. Schwer und voller Verdruss muss daher die Lenkung bei uns sein. [...] Da fahren denn die Gespanne der Götter, wohlgezügelt, leicht im Gleichgewicht dahin, die andern aber nur mit Not, denn das Ross der Schlechtigkeit drängt zur Erde und lastet mit seiner Schwere, wenn es von seinem Lenker nicht gut erzogen ist. Das legt der Seele härtestes Ringen und Mühsal auf.[5]

Der *Timaios* betont die Zweigeteiltheit der Seele und spricht sogar von einem sterblichen Teil der Seele; beiden Seelenteilen gaben die göttlichen Lebewesen ein Körper-›Fahrzeug‹:

Sie aber nahmen [...] das unsterbliche Grundelement der Seele und drechselten danach den sterblichen Körper als Rahmen für sie, gaben ihr den ganzen Körper als (eine Art) Wagen und fügten in ihm eine andere Art der Seele hinzu, die sterbliche, die heftige und notwendige Empfindungen in sich hat, zuerst die Lust, den größten Köder des Schlechten, dann den Kummer, den Verscheucher des Guten, außerdem noch Verwegenheit und Angst, die zwei unvernünftigen Ratgeber, den schwer zu besänftigenden Zorn und die leicht zu verführende Hoffnung. [...] Den Seelenteil nun, der Anteil an Mut und Beherztheit hat und siegliebend ist, den siedelten sie näher am Kopf zwischen dem Zwerchfell und dem Hals an, damit er, der Vernunft untertan, im Verein mit ihr durch gemeinsamen Druck das Geschlecht der Begier-

5 Platon, *Phaidros*, S. 43 f. [245e ff.].

den in Schranken halte, sooft es nicht bereit sein sollte, freiwillig dem Befehl und Wort aus der Herrscherburg zu gehorchen.[6]

Platons Bilder sind eindrücklich: Die Herrschaft der Vernunft nutzt die Zweiteilung der Seele, um die niederen Empfindungen mit Erfolg unterdrücken zu können. Eine Vielzahl solcher Dualismen lassen sich in seinem Werk finden, aber durchaus auch anders lautende Stellen, wenn er beispielsweise im *Philebos* die Rolle der Erinnerung – bei Platon ein kognitives Vermögen – für die Lust als einer Teilgruppe der Gefühle untersucht. In solchen Passagen formuliert Platon den Gedanken eines kognitiven Gehaltes der Gefühle selbst, die nicht in einen Antagonismus zum Verstand gebracht werden. Doch begrifflich zur Wirkung gekommen ist weniger diese kognitive Deutung der Gefühle als ihre abwertende Trennung vom Verstand.

Aristoteles hingegen nimmt eine Dreiteilung in Körper, Seele und Geist vor und vermeidet so den einfachen Dualismus Platons und der Platon-Tradition. Er begreift den Geist als etwas zu Körper und Seele Hinzukommendes und damit als typisch menschlich. In der Debatte um das Verhältnis von Geist, Seele und Körper mag der Vorteil dieser Konzeption darin liegen, dass Aristoteles nicht die Unkörperlichkeit von Geist und Seele behaupten muss, sondern geistige und durch die Seele belebte Körper denken kann. Bei der Bestimmung des Verhältnisses von Verstand und Gefühl führen seine Gedanken allerdings dazu, dass der Geist – begrifflich gleichzusetzen mit dem Verstand – den Menschen durch sein Hinzukommen zum Tierischen zum *animal rationale* macht, während die Gefühle nichts typisch Menschliches sind. Die Gefühle teilt der Mensch mit den Tieren, sie sind auch in ihm selbst das tierische Erbe. Spezifisch menschliche Gefühle

6 Platon, *Timaios*, S. 147 und 149 [69c–d und 70a].

kann es bei Aristoteles schon rein begrifflich nicht geben. Ein Folgeproblem der aristotelischen Gedanken zum *animal rationale* ist das Rätsel der Willensschwäche, über das sich Aristoteles besonders Gedanken macht.[7] Ihn beunruhigt die Frage, wieso Menschen den Einsichten des Verstandes nicht immer folgen. Man mag die Intensität der aristotelischen Beschäftigung mit der Willensschwäche als eine Wiederkehr des Verdrängten deuten. Der Mensch geht offensichtlich in seinem Verstand nicht auf, sondern etwas widerstrebt, so dass der Mensch bei der Ausführung seiner rationalen Pläne mit Willensschwäche zu kämpfen hat.

Bei allen sonstigen Unterschieden charakterisieren Platon und Aristoteles den Menschen gemeinsam als Verstandeswesen, das mit ablenkenden Gefühlen zu kämpfen hat und diese für ein gelingendes Leben in den Griff bekommen muss. In dieser Kernaussage haben beide in Antike, Mittelalter und Neuzeit viele Nachfolger gefunden – so auch in Immanuel Kant, dem bedeutendsten deutschen Philosophen der Neuzeit. In seiner *Kritik der reinen Vernunft* kommt er zu einer Auffassung, die eine Versöhnung von Sinnlichkeit und Verstand zunächst in der theoretischen Philosophie nahelegt. Erkenntnis jedenfalls ist allein durch den Verstand bei Kant nicht möglich. Mit ihrer Stilisierung einer Vermittlung zwischen Empirismus und Rationalismus im Geiste einer kritischen Vernunft führt seine theoretische Philosophie, angeregt durch David Humes Skeptizismus, zu einer fundamentalen Kritik der rationalistischen Metaphysik. Auch in der Anthropologie, in deren Umfeld der Vergleich des Menschen mit einem krummen Holz gehört, ist Kant bei genauer Beachtung seiner Schriften nicht der reine gefühlsverleugnende Preuße, als der er gelegentlich dargestellt wird.[8] In der Ethik beruht

7 Siehe Aristoteles, *Die Nikomachische Ethik*, besonders Buch VII.

8 Siehe besonders Kant, *Anthropologie in pragmatischer Hinsicht*, S. 395–690. Vgl. Louden, *Kant's Impure Ethics*. Siehe für eine meines Erachtens überzogene Kant-Kritik bereits Böhme/Böhme, *Das Andere der Vernunft*.

der Universalismus, der die prinzipielle Berücksichtigung aller Menschen fordert und der grundlegend für unser heutiges Verständnis der Menschenrechte ist, wesentlich auf Kants Kategorischem Imperativ. Bei allen ungelösten Schwierigkeiten, die sich in der *Kritik der reinen Vernunft* ebenso wie in der Ethik Kants finden, sind in diesen Schriften philosophische Maßstäbe etabliert, die nicht ignoriert werden können. Dies ändert nichts daran, dass Kant an zentralen Stellen bei der Begründung seines Kategorischen Imperativs den Gegensatz von Verstand und Gefühl in einer Schärfe betont, die die gefühlsabwertende Tradition bedient und für eine als vermeintlich preußisch verstandene Disziplinierung ausbeutbar war.

Der Antagonismus von Verstand und Gefühl ist in der Ethik Kants der Antagonismus von Pflicht und Neigung: Allein die verständige Vernunft, der gute Wille und darauf basierend die Pflicht können als Kompass für richtiges Handeln fungieren; jede Beeinflussung durch Neigungen ermöglicht eine Verführung zum bloßen Eigeninteresse und zum Übel (bis hin zum Bösen). Kant geht so weit, dass er selbst pflichtgemäßen Handlungen, die aber aus Neigungen entspringen, misstraut. Allein die Handlung aus Pflicht – frei von jeder Neigung – erhält den Ehrentitel der Moralität. Gefühle und Neigungen scheinen die Reinheit der vernünftigen Gebote nur zu unterminieren; die Moralität fördernde Gefühle finden bei Kant keine systematische Berücksichtigung:

> Der Mensch fühlt in sich selbst ein mächtiges Gegengewicht gegen alle Gebote der Pflicht, die ihm die Vernunft so hochachtungswürdig vorstellt, an seinen Bedürfnissen und Neigungen [...]. Nun gebietet die Vernunft [...] unnachlaßlich, mithin gleichsam mit Zurücksetzung und Nichtachtung jener so ungestümen und dabei so billig scheinenden Ansprüche (die sich durch kein Gebot wollen aufheben lassen) ihre Vorschriften. Hier-

> aus entspringt aber eine *natürliche Dialektik*, d. i. ein Hang, wider jene strengen Gesetze der Pflicht zu vernünfteln und ihre Gültigkeit, wenigstens ihre Reinigkeit und Strenge in Zweifel zu ziehen und sie wo möglich unsern Wünschen und Neigungen angemessener zu machen, d. i. sie im Grunde zu verderben und um ihre ganze Würde zu bringen.[9]

Damit ist für Kant klar: Gefühle sind Einfallstore des Egoismus und zerren an der Klarheit vernünftiger Anweisungen. Quasi zur Sicherheit, um eine Undeutlichkeit der Anweisungen zu vermeiden, sind sie aus der Handlungsorientierung ganz auszuschließen. Die Motivation zum Guten muss sich ganz auf die Vernunft verlassen.

Damit war Kant besonders in Deutschland anschlussfähig an realgesellschaftliche Formen der Disziplinierung.[10] Gefühle haben in dieser Welt vermeintlich keinen Platz; sie stehen nur für mangelnde Tapferkeit. Wer seiner Pflicht nachkommt, braucht keine Gefühle. Wenn Gefühle allerdings gar nicht vermeidbar sind, werden in dieser Kant zuspitzenden und damit verfälschenden Tradition nur andere Gefühle propagiert – nämlich solche der Distanz und der Eigendisziplinierung. Kants Polemik gegen die Neigung wendet sich sachlich gegen die Bedeutung von Wünschen für Handlungen; die Heftigkeit, mit der er der Neigung zu

9 Kant, *Grundlegung zur Metaphysik der Sitten*, S. 45 [Akademie-Ausgabe S. 404 f.].

10 Wie wenig Kant solche Auswüchse billigt, zeigt beispielsweise die folgende Klarstellung: »Die […] sklavische Gemütsstimmung kann nie ohne einen verborgenen Hass des Gesetzes statt finden und das fröhliche Herz in Befolgung seiner Pflicht (nicht die Behaglichkeit in Anerkennung derselben) ist ein Zeichen der Echtheit tugendhafter Gesinnung«, die auch zur Geltung kommt »im festen Vorsatz, es künftig besser zu machen«, »der, durch den guten Fortgang angefeuert, eine fröhliche Gemütsstimmung bewirken muss, ohne welche man nie gewiss ist, das Gute auch lieb gewonnen, d. i. es in seine Maxime aufgenommen zu haben«. In: Kant, *Die Religion innerhalb der Grenzen der bloßen Vernunft*, S. 26 [B 12]. (Sperrungen des Originals sind weggelassen.)

Leibe rückt, stammt eher aus der Teilgruppe der Leidenschaften. Kant scheint manchmal geradezu besessen zu sein von seiner Abwehr der Neigungen.

Der Kantianer Friedrich Schiller will die gröbsten Überzeichnungen seines Lehrers vermeiden.[11] In *Anmut und Würde* ebenso wie in *Über die ästhetische Erziehung des Menschen in einer Reihe von Briefen*[12] versucht er den Gegensatz von Pflicht und Neigung zu mildern. In den *Xenien* spottet er über Kants rigide Pflichtorientierung unter der Überschrift »Gewissensskrupel«:

Gerne dien ich den Freunden, doch tu ich es leider mit Neigung,
Und so wurmt es mir oft, dass ich nicht tugendhaft bin.

Schiller zieht denn auch ein Fazit, das seinen Lehrer Kant hinter sich lässt: »Die Vernunft hat geleistet, was sie leisten kann, wenn sie das Gesetz findet und aufstellt; vollstrecken muss es der mutige Wille und das lebendige Gefühl.«[13] Kein Wunder, wenn Schiller anschließend zum Lob des Ästhetischen übergeht und den Menschen von seinem Spieltrieb her erschließt. Nicht der Verstand und nicht der Geist machen den Menschen aus, sondern das ästhetische Spiel.[14] Schiller verspricht sich deshalb mehr von einer Erziehung der Gefühle als von einer Erziehung des Verstandes: »Der sinnliche Trieb kommt also früher als der vernünftige zur Wirkung, weil die Empfindung dem Bewusstsein vorhergeht, und in dieser Priorität des sinn-

11 Bemerkenswert ist auch der durchaus von Kant beeinflusste Arthur Schopenhauer, der dem Mitleid – im Sinne Kants einer Neigung also – einen zentralen Stellenwert einräumt.

12 Vgl. Schiller, *Über die ästhetische Erziehung des Menschen*, u.a. S. 11.

13 Ebd., S. 29.

14 Ebd., S. 63: »Denn, um es endlich auf einmal herauszusagen, der Mensch spielt nur, wo er in voller Bedeutung des Wortes Mensch ist, und er ist nur da ganz Mensch, wo er spielt.« (Sperrungen des Originals sind weggelassen.)

lichen Triebes finden wir den Aufschluss zu der ganzen Geschichte der menschlichen Freiheit.«[15] Auf diese Art und Weise wird aus dem Kantianer Schiller ein Gefühlsphilosoph.

Ähnliches lässt sich von Johann Gottfried Herder sagen, der allerdings anders als Schiller kein Verehrer der Philosophie Kants war. In den letzten Jahren gibt es eine verstärkte Würdigung Herders, die ihn nicht mehr nur auf einige Nischen wie die der Sprachphilosophie festlegt. Herder wird zunehmend als ein Kritiker Kants verstanden, der sich gegen den »kalten, leeren Eishimmel« der vernünftigen Transzendentalphilosophie wendet: »Herder geht es vor allem darum, den Titel und das Programm einer reinen Vernunft zurückzuweisen.«[16] Während bei Kant die Anthropologie wie eine zweitklassige Philosophie daherkommt, gewinnt sie bei Herder eine zentrale Bedeutung, insofern er die kulturelle Vielfalt menschlichen Lebens herausarbeitet. Selbst zum Verhältnis von Mensch und Tier äußert Herder sich differenziert, wenn er dem Affen (anders als noch dem zuvor von ihm charakterisierten Biber) »keinen determinierten Instinkt mehr« zuschreibt und behauptet, dass die »Denkungsart« des Orang-Utan »dicht am Rande der Vernunft« steht.[17] Die Besonderheit des Menschen sieht Herder demnach nicht in der Vernunft, sondern im physiologischen »Bau des Gehirns«.[18] Humanität gedeiht nicht durch eine von außen hinzukommende Einpflanzung der Vernunft ins Tierische, sondern durch die Bildung ohnehin schon vorhandener Fähigkeiten. Das Verhältnis von Verstand und Gefühl bestimmt Herder im Widerspruch zu Kant: »Im Herzen leben wir, nicht in den Gedanken.«[19] Zwar wertet er den

15 Ebd., S. 81.
16 Heise, *Johann Gottfried Herder*, S. 9 und 98.
17 Herder, *Ideen zur Philosophie der Geschichte der Menschheit*, S. 116.
18 Ebd., S. 123.
19 Herder, *Tithon und Aurora*, S. 235.

Verstand nun seinerseits nicht ab, aber deutlich wird doch die Priorität der Gefühle: »All unser Denken ist aus und durch Empfindung entstanden, trägt auch, trotz aller Destillation, davon noch reiche Spuren.«[20]

David Hume verfolgt ebenfalls einen grundsätzlich anderen Ansatz als Kant, indem er nicht nur zu einer Neubewertung der Dualität kommt, sondern den Dualismus von Verstand und Gefühl ganz aufgibt. Bei Hume gibt es nur Wünsche, eine Teilklasse der Gefühle also, die zu Handlungen führen. Im Sinne der Wortwahl von Kant müsste man sagen, es gibt überhaupt nur Neigungen, die Handlungen auslösen. Eine Handlung aus Pflicht wäre eine Handlung, die einem Wunschtypus eigener Art folgt. Hume betont, dass moralisches Handeln und Sittlichkeit nicht aus der Vernunft stammen, »da ja die Vernunft allein [...] niemals einen solchen Einfluss haben kann. Die Sittlichkeit erregt Affekte und erzeugt oder verhindert Handlungen. Die Vernunft allein aber ist hierzu ganz machtlos; die Sittenregeln sind folglich keine Ergebnisse unserer Vernunft.«[21]

Vernunft ist bei Hume ein wirkungsloses Steuerorgan, das lediglich Wahrheit und Irrtum erkennt, aber selbst keinerlei Affekte und Handlungen hervorrufen kann. Nur Wünsche haben eine kausale Bedeutung für Handlungen:

> Wie schon bemerkt, kann die Vernunft im eigentlichen und philosophischen Sinne unser Handeln nur in zweierlei Weise beeinflussen. Entweder sie ruft einen Affekt ins Dasein, indem sie uns über die Existenz eines seiner Natur entsprechenden Gegenstandes belehrt; oder sie zeigt uns die Mittel, irgendeinen Affekt zu betätigen, indem sie den Zusammenhang von Ursachen und Wirkungen aufdeckt.[22]

20 Herder, *Vom Erkennen und Empfinden der menschlichen Seele*, S. 392.
21 Hume, *Ein Traktat über die menschliche Natur*, Bd. 2: *Über die Affekte. Über die Moral* [Buch III, Tl. 1, Abschn. 1], S. 197 f. Vgl. Kulenkampff, *David Hume*, S. 94 ff.
22 Hume, S. 199 f.

Im Gegensatz zu Kant mit seinem Dualismus von Pflicht und Neigung ist Hume in seiner ausschließlichen Orientierung auf die Wünsche Monist.

Friedrich Nietzsche und Sigmund Freud sind nicht zuletzt in ihrer Wirkungsgeschichte Autoren der Philosophie und der Psychologie, die eine Dominanz des Verstandes und des Bewusstseins unterminiert haben. An dieser Stelle interessiert nicht nur der entlarvungspsychologische Gestus, sondern die Tendenz beider, den alten Dualismus von Verstand und Gefühl nur mit umgekehrten Vorzeichen fortzusetzen. Insbesondere die sogenannte Dampfkesseltheorie Freuds, die die Triebe nach dem Modell des Dampfkessels deutet, die bei bestimmtem Überdruck entweichen müssen, kommt als einfache Umwertung einer alten Abwertung daher, die den traditionellen Gegensatz von Verstand und Gefühl aber gar nicht aufgibt. Ich werde allerdings dafür argumentieren, dass dies nicht die einzige Deutung Freuds ist, und stattdessen einer anderen Lesart des Unbewussten bei Freud folgen.

Durchaus im gedanklichen Kontext von Freud ist für Nietzsche der Mensch keineswegs ein sachliches Tier; deshalb entlarvt er alle, die allzu vehement und vermeintlich vernünftig von unbedingten Pflichten reden – nicht nur in der Tradition Kants:

> Alle Menschen, welche fühlen, dass sie die stärksten Worte und Klänge, die beredtesten Gebärden und Stellungen nötig haben, um *überhaupt* zu wirken, Revolutions-Politiker, Sozialisten, Bußprediger mit und ohne Christentum, bei denen allen es keine halben Erfolge geben darf: alle diese reden von ›Pflichten‹, und zwar immer von Pflichten mit dem Charakter des Unbedingten – ohne solche hätten sie kein Recht zu ihrem großen Pathos: das wissen sie recht wohl! So greifen sie nach Philosophien der Moral, welche irgendeinen kategorischen Imperativ predigen […]. Alle feinere Servilität hält am

kategorischen Imperativ fest und ist der Todfeind derer, welche der Pflicht den unbedingten Charakter nehmen wollen [...].[23]

An dieser Stelle fasziniert, wie klar Nietzsche herausarbeitet, dass hinter dem Gestus der unbedingten Pflichten die Gefühle der zu kurz Gekommenen stehen. Das Sich-Ducken hinter die fremdbestimmte Vernunft kennzeichnet nur eine feinere Form des autoritären Charakters. So analysiert, wird der kategorische Imperativ der Vernunft ganz mickrig. Diese Struktur wiederholt sich bei Nietzsches Analysen immer wieder: Hinter dem Vorgetäuschten – meist dem Vernünftigen und Nüchternen – zeigen sich Motive ganz anderer Art.[24] Nietzsche entlarvt im Namen der Gefühle – gar des Lebens überhaupt (wie es sich in einer lebensphilosophischen Interpretation dieses Autors aufdrängt). Ihn auch als Vorgänger Freuds zu deuten, liegt nahe, wenn er die »Bewusstheit« als »letzte und späteste Entwicklung des Organischen und folglich auch das Unfertigste und Unkräftigste daran« bezeichnet. Nur die Instinkte schaffen es, die Missgriffe des Bewusstseins einigermaßen in Schach zu halten; ohne Instinkte würde die Menschheit zugrunde gehen. Nietzsche spricht von einer lächerlichen Überschätzung und Verkennung des Bewusstseins.[25]

Ist diese Umwertung der Werte schon eine kompensatorische Überschätzung der Gefühle, die Nietzsche als Instinkte thematisiert? Schießt er nicht arg über das Ziel hinaus, wenn er dem Bewusstsein die Zentralstellung für den Menschen nimmt? Vielleicht! Auch Sigmund Freud ist

23 Nietzsche, *Die fröhliche Wissenschaft*, Buch 1, Aph. 5: »Unbedingte Pflichten«, S. 42 f.

24 Vgl. ebd., Buch 2, Aph. 57, S. 83 f., mit seiner Spottrede auf die vermeintlich nüchternen Realisten, denen er eine leidenschaftliche Liebe für die Wirklichkeit nachsagt.

25 Ebd., Buch 1, Aph. 11, S. 47 f.

nicht frei von der Gefahr, aus einer Infragestellung des Bewusstseins im Namen der Gefühle nur eine Umkehrung der Bewertung zu machen.

Wenn man heute Freuds Klassiker *Die Traumdeutung* (bei seinem ersten Erscheinen programmatisch vordatiert auf das Jahr 1900) wieder zur Hand nimmt, ist man – nach einem Jahrhundert der Psychoanalyse und der Allgegenwart sexuell aufgeladener Bilder in der heutigen Öffentlichkeit – erstaunt über die Harmlosigkeit dieses Textes. Kaum mag man glauben, dass das autobiographische Material dieser Schrift – wie beispielsweise im Traum über Irma – vielen der damaligen Zeitgenossen skandalös erschien. Auch die Hauptthese Freuds löst heute eher Achselzucken denn Faszination aus: »Der Traum stellt einen gewissen Sachverhalt so dar, wie ich ihn wünschen möchte; *sein Inhalt ist also eine Wunscherfüllung, sein Motiv ein Wunsch.*«[26] Gleichwohl ist *Die Traumdeutung* insbesondere in ihrer kulturellen Wirkungsgeschichte bedeutsam – nicht zuletzt für eine neue Sichtweise der Gefühle. Zwar ist es eine unangemessene begriffliche Verkürzung, das systematisch Unbewusste bei Freud einfach mit den Gefühlen gleichzusetzen. Richtig bleibt aber, dass das Unbewusste jedenfalls nicht auf der Seite des Verstandes zu Buche schlägt und trotz aller begrifflichen Differenz von Unbewusstem und Gefühl doch als Ausdruck der Gefühle gedeutet werden kann. Das Unbewusste mag als *pars pro toto* für Gefühle gelten, die mit entsprechender Aufmerksamkeit Bewusstheit erlangen und so aufgewertet werden können. Freud verteidigt eine Sichtweise, wonach Gefühle nicht einfach als unstrukturiert daherkommen. Gefühle machen vielmehr Sinn; nicht nur der Verstand ist vernünftig zugänglich. Das Unbewusste und die Gefühle gewinnen bei Freud anders als in der Tradition von Platon, Aristoteles und Kant eine grundlegende Be-

26 Freud, *Die Traumdeutung*, S. 132.

deutung, hinter der der Verstand nun bescheiden zurücktreten muss.[27]

Freud deutet die Sexualität als Teil der natürlichen Gattungsausstattung des Menschen, die so gegen eine reine Verstandestradition des Bewusstseins in Stellung gebracht wird. Zwischen der »Dampfkesseltheorie« des frühen Freud und der resignativen Einsicht des späten Freud, dass Sublimierung geradezu der Regelfall ist, ergibt sich ein Spannungsverhältnis. Jedenfalls kann Freud nicht als Vertreter einer Reduktionsthese des Typs »menschliches Handeln ist nichts anderes als sexuelle Triebbefriedigung« in Anspruch genommen werden. Freud als Hermeneutiker erweitert das Verständnis vom Menschen und verkürzt es nicht. Sexualität meint bei Freud die lustvolle Besetzung von Körperteilen; genitale Sexualität ist nur eine besonders wichtige Form der Sexualität.

Darüber hinaus hat der spätere Freud in seinen kulturtheoretischen Schriften das an der Sexualität orientierte Lustprinzip in ein skeptisches Verhältnis zum Realitätsprinzip gesetzt. Das »Programm des Lustprinzips« sei »überhaupt nicht durchführbar, alle Einrichtungen des Alls widerstreben ihm; man möchte sagen, die Absicht, dass der Mensch ›glücklich‹ sei, ist im Plan der ›Schöpfung‹ nicht enthalten«.[28] Kehrt beim späten Freud mit der Unterscheidung von Lust- und Realitätsprinzip der Dualis-

27 Interessant ist die Stelle, die Freud, *Traumdeutung*, S. 116, aus einem Brief Friedrich Schillers zitiert. Der Brief ist an seinen Freund Körner gerichtet, der – als Verstandesmensch – über mangelnde Produktivität und Kreativität klagt: »Der Grund deiner Klage liegt, wie mir scheint, in dem Zwange, den dein Verstand deiner Imagination auflegt. [...] Es scheint nicht gut und dem Schöpfungswerk der Seele nachteilig zu sein, wenn der Verstand die zuströmenden Ideen, gleichsam an den Toren schon, zu scharf mustert. [...] Bei einem schöpferischen Kopfe hingegen, deucht mir, hat der Verstand seine Wache vor den Toren zurückgezogen, die Ideen stürzen pêlmêle herein, und alsdann erst übersieht und mustert er den großen Haufen.«

28 Freud, *Das Unbehagen in der Kultur und andere kulturtheoretische Schriften*, S. 42 f.

mus von Verstand und Gefühl auf einer anderen Ebene wieder?

Freud ist an diesem Punkt nicht eindeutig; der spätere Freud schreibt jedenfalls manchmal wie ein zu Kant Zurückgekehrter. In seinem Werk stoßen wir auf viele Elemente: (1) Seine Theorie lässt sich der Hermeneutik zurechnen, insofern sie unseren Horizont des Verstehens erweitert. Als wissenschaftliche Hypothesen entbehren seine Auffassungen jedenfalls der direkten Falsifizierbarkeit, wie Wissenschaftstheoretiker wie Karl R. Popper immer schon bemängelt haben. (2) Für Freud ist der Mensch ein Naturwesen, bei dem vieles unbewusst abläuft. Mit dieser Akzentsetzung ergibt sich eine Anknüpfungsmöglichkeit der Gedanken Freuds an die heutige Neurobiologie (zumal er in der damaligen Vorgängerdisziplin der Neurologie ausgebildet worden ist). (3) Freud behauptet die zentrale Bedeutung der Sexualität, aber er neigt nicht zu Thesen vom Typ »Gedanken sind nichts anderes als der Ausdruck von Sexualität«. Vielmehr bleibt bei aller Natürlichkeit des Menschen und seiner Sexualität die Kultur als eigenständige Dimension für ihn erhalten.

Auf den Spuren Freuds lässt sich der Frage nachgehen, ob ein Mönch oder eine Nonne in einem Kloster des Hochmittelalters beim Einhalten der Keuschheitsgelübde permanent verdrängen. Freuds Psychoanalyse steht im allgemeinen Bewusstsein für die Unterstellung, dass ein Leben ohne Sexualität nur Leiden bedeuten kann. Wenn der späte Freud die Bedeutung der Sublimierung von Sexualität betont, wird die Einschätzung weniger eindeutig. Insofern Keuschheit kulturell getragen wird, also nicht als Drama einer individuellen Verdrängung daherkommt, könnte – auch mit Freuds Augen betrachtet – die Angelegenheit in ihrer Beurteilung offen sein. Die Patienten jedenfalls, die Freud im Wien der Jahrhundertwende in seiner Praxis kennen lernte, erlebten die Folgen einer Abwertung der Sexualität als persönliches Schicksal. Ein unmittelbarer Schluss auf das Leben in einem mittelalterlichen Kloster folgt aus Freuds Einsichten um 1900 nicht.

Richard Rorty schlägt vor, zwei Interpretationen des Unbewussten bei Freud voneinander abzusetzen:

> (1) In einer Bedeutung steht dieser Begriff für ein oder mehrere gut artikulierte Glaubens- und Wunschsysteme, die ebenso komplex, raffiniert und in sich widerspruchsfrei sind wie die bewussten Überzeugungen und Wünsche des normalen Erwachsenen. (2) In einer anderen Bedeutung steht er für eine brodelnde Masse inartikulierter instinkthafter Kräfte – einen ›Libidostau‹ [...]. Das Neue an Freuds Auffassung des Unbewussten ist seine Behauptung, dass das unbewusste Ich kein stummes, störrisches, torkelndes Tier ist, sondern das intellektuell ebenbürtige Gegenüber des bewussten Ich und dessen möglicher Gesprächspartner.[29]

Mit der zweiten Lesart bezeichnet Rorty die schon erwähnte Dampfkesseltheorie, die von ihm ebenfalls abgelehnt wird. Die Dampfkesseltheorie ist naturalistisch orientiert und behauptet im Prinzip für alle Menschen gleich bleibende Dampf- und Triebverhältnisse. In dieser Lesart sähe das Urteil über Mönch und Nonne im mittelalterlichen Kloster eindeutig negativ aus: Alles Verdrängung, die sich in religiösen Abwegen manifestiert! Ohne mich jetzt zum Fürsprecher der klösterlichen Lebensform machen zu wollen, scheint gedanklich trotzdem Vorsicht geboten zu sein. Die erste von Rorty und mir bevorzugte hermeneutische Lesart des Unbewussten bei Freud ist in ihrer Anwendung auf Individuen in Vergangenheit und Gegenwart viel zurückhaltender als die naturalistische Dampfkesseltheorie. Für Rorty erzählen Ich, Es und

29 Rorty, *Freud und die moralische Reflexion*, S. 47 f.

Über-Ich drei verschiedene Geschichten, »indem wir sie als alternative Sinndeutungen der Vergangenheit auffassen, als Deutungen, die ebenso viel Anspruch auf unsere Aufmerksamkeit haben wie die vertrauten, der Introspektion verfügbaren Überzeugungen und Wünsche«.[30]

Danach bietet Freud Lesarten an und keine Reduktionsthese im Rücken der Individuen. Mönch und Nonne müssten also bei der Deutung ihres Verhältnisses zur Sexualität in einer Psychoanalyse selbst einbezogen werden (und sich damit allerdings aus vormodernen Selbstverständlichkeiten lösen und somit ihre Werte zur Disposition stellen). Dabei gibt es nicht die eine wahre Deutung der Gefühle. Die vollständige Transparenz der eigenen Gefühle wurde in der cartesianischen Tradition der Bewusstseinsphilosophie behauptet. Mit seiner Aufwertung des Unbewussten wendet sich Freud auch gegen diese Behauptung der vollständigen Transparenz der eigenen Gefühle. Wir können uns selbst durchaus ein Rätsel sein. Aus dieser Einsicht folgt nicht, dass für andere – zum Beispiel dem psychoanalytischen Therapeuten – unser Gefühlsleben in allem klar und deutlich zutage tritt. Vielmehr arbeitet auch der Therapeut von außen mit Deutungen, wenn auch unterstützt von Erfahrung und Kenntnis einer Vielzahl von Menschen. Die Deutungen des Therapeuten müssen nicht immer richtig sein, vielmehr kann er sie nur zur Aneignung durch den Betroffenen anbieten. Das Unbewusste und die Gefühle müssen dann nicht unbewusst und fern von unserem Selbstverständnis bleiben, sondern können in unsere Selbstdeutung integriert werden.

Gefühle sind nicht von vornherein irrational; es kann eine Vernunft der Gefühle geben. Diese vielleicht begrifflich verwirrenden Aussagen lassen sich aufhellen, indem das Verhältnis der Begriffe Verstand und Gefühl einerseits

30 Ebd., S. 51.

und von Vernunft und Rationalität andererseits geklärt wird. Vernunft und Rationalität sind – nicht zwingend umgangssprachlich, aber philosophisch – Reflexionsbegriffe. Das Interesse an Reflexion, das mit Vernunft und Rationalität verbunden ist, ist sachlich nicht identisch mit einem Interesse an der Dominanz des Verstandes. Herbert Schnädelbach hat immer wieder versucht, dies dadurch zu verdeutlichen, dass er zwei Begriffe der Vernunft gegeneinander absetzt. Zum einen eine Begriffsreihe der Intellektualität, in die Begriffe wie Verstand, Kognition und eben Vernunft in einem ersten Sinne gehören.[31] Der jetzige Abschnitt thematisiert Gefühle in ihrer vermeintlich dualistischen Entgegensetzung zu dieser Begriffsreihe. Vernunft in einem zweiten Sinne steht für die Reflexion auch des Verhältnisses von Gefühl und Verstand; die Vernunft$_2$ nimmt also Stellung, ist eine Art Wunsch zweiter Ordnung, um es mit einem Gefühlsausdruck zu benennen. Die Vernunft als Reflexionsbegriff charakterisiert den Menschen als ein zu sich selbst Stellung nehmendes Wesen. Auch wenn es in der Philosophie immer wieder Versuche gegeben hat, die Vernunft als Reflexion regelorientiert zu deuten, scheint es doch sachgemäßer, die reflektierende Vernunft als die Fähigkeit zur Urteilskraft zu verstehen. Vernunft als Urteilskraft ist das Vermögen des Menschen, das Ansprüche sehr unterschiedlicher Art einschätzen und gewichten kann.[32] Die Urteilskraft ist eine situierte Nachdenklichkeit, die die Einschlägigkeit von Prinzipien und allgemeinen Gedanken gerade in ih-

31 Schnädelbach, *Vernunft*, sowie die Aufsatzsammlungen *Vernunft und Geschichte* und *Zur Rehabilitierung des animal rationale*. Vgl. schon früh Schnädelbach, *Reflexion und Diskurs*.

32 Vgl. Kant, *Kritik der Urteilskraft*. Ein Konzept der Urteilskraft, das als reflektierende Vernunft verstanden wird, geht allerdings über Kant hinaus, der Urteilskraft lediglich als »Mittelglied zwischen dem Verstande und der Vernunft« und als »Vermögen« auffasst, »das Besondere als enthalten unter dem Allgemeinen zu denken« (S. 30 und 33) [XXI und XXVI].

rem widerstreitenden Charakter rational gegeneinander abwägt. Rein begrifflich haben wir es zunächst mit einem Dreieck zu tun:

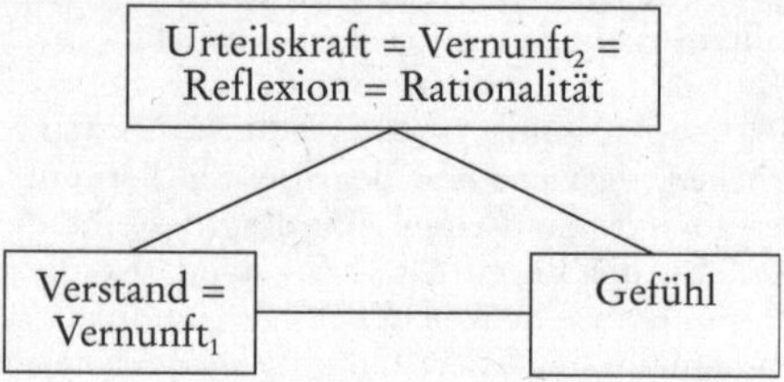

Auf der übergeordneten Reflexionsebene der Urteilskraft wird das Verhältnis von Verstand und Gefühl mit den vermeintlich unterschiedlichen Ansprüchen bestimmt. Der begrifflich so eindeutige Unterschied von Verstand und Gefühl muss der Sache nach gradualisiert werden, wenn der Dualismus von Verstand = Vernunft$_1$ einerseits und Gefühlen andererseits obsolet wird. Betrachten wir erneut die bereits eingeführte Umschreibung von Gefühlen: *Der Begriff des Gefühls steht für vielfältige Formen des leiblich-seelischen Involviertseins, das Besonderheit qualitativ erfahrbar macht und so Wichtigkeitsbesetzung ermöglicht.* Diese Charakterisierung der Gefühle nimmt indirekt Bezug auf den Verstand: Kognitive Elemente spielen eine Rolle, um Besonderheit und Wichtigkeit überhaupt erkennen zu können. Verstand und Gefühl lassen sich sprachlich weiterhin gegeneinander profilieren, aber in der Realität kommt weder das eine noch das andere in Reinform vor.

Verstand und Gefühl gehören also sachlich eng zusammen. Wie verhält es sich mit der Urteilskraft als der reflektierenden Vernunft? Das Anliegen, im Einklang mit den eigenen Gefühlen zu leben, die eigenen Gefühle überhaupt zu kennen, gehört nach der eingeführten Begrifflichkeit zu einer Aufgabe der reflektierenden Vernunft. Daher kann es vernünftig sein, nicht dem Verstand, sondern einem Gefühl zu folgen. Vernunft und Gefühl stehen damit in keinem Gegensatz; denn die Vernunft kann sich in ihrem Urteil auf die Seite der Gefühle stellen.

Ganz ähnlich ist übrigens auch Daniel Golemans Begriff der emotionalen Intelligenz angelegt; an der Rationalität sind für ihn Emotion und Denken gleichermaßen beteiligt.[33] Der Begriff der emotionalen Intelligenz wertet Gefühle gegenüber einer bloß kognitiv verstandenen Intelligenz auf und integriert sie in das überlieferte Verständnis von Intelligenz. Allerdings gibt es eine Tendenz in der Rezeption von Goleman, wonach der Dualismus von Verstand und Gefühl mit umgekehrten Vorzeichen weiterlebt und bei einer falschen Entgegensetzung von emotionaler Intelligenz und Vernunft landet. Mit Goleman selbst ist gegen einen Teil seiner Rezipienten darauf zu bestehen, dass die emotionale Intelligenz keinen Gegenbegriff zur Rationalität und zur vernünftigen Urteilskraft darstellt, sondern mit der Vernunft$_2$ vereinbar ist.[34]

Der Blick auf einige Philosophen der Vergangenheit von Platon über Aristoteles bis Kant, die für eine ganze Tradition stehen, zeigte in diesem Kapitel eine Abwertung der Gefühle, die oft über einen postulierten Dualismus von Verstand und Gefühl eingeführt wird. Neben dieser Tradi-

33 Goleman, *EQ. Emotionale Intelligenz*, S. 49. Vgl. die weiteren Bücher, an denen Goleman maßgeblich beteiligt ist: Goleman/Kaufmann/Ray, *Kreativität entdecken* – mit diesem Buch wird die Nachbarschaft zwischen den Begriffen der emotionalen Intelligenz und dem der Kreativität besonders belegt –, sowie Goleman (Hrsg.), *Die heilende Kraft der Gefühle*; Goleman, *EQ 2. Der Erfolgsquotient*; Goleman/Boyatzis/McKee, *Emotionale Führung*.

34 Vgl. noch das Kapitel zur emotionalen Bildung in Goleman, *EQ*, S. 291–359. Hell, *Seelenhunger*, S. 36, kommentiert die Verbreitung des Begriffes der emotionalen Intelligenz, wonach »der Begriff und das gleichnamige Buch den Bedürfnissen einer Zeit entgegenkommen, die auf rationaler Organisation beruht, aber um eine sinnliche und emotionale Verwurzelung ringt«.

tion gab es immer auch eine andere, die eine Abwertung der Gefühle begrifflich nicht zuließ. Der Sache nach sind Vernunft und Urteilskraft gar nicht als Gegenbegriffe zum Gefühl zu verstehen; sie sind vielmehr Reflexionsbegriffe, die selbst das Verhältnis von Verstand und Gefühl austarieren. Das Anliegen, Gefühle gegen den Verstand stärker zur Geltung zu bringen, muss also keineswegs irrationalistisch gedeutet werden.

Ist allerdings genau in dem Moment, in dem die reflektierende Vernunft ihre Urteilskraft ausübt, das Element des Kognitiven nicht doch gegenüber dem Gefühl dominant? Sind also $Vernunft_1$ und $Vernunft_2$ nicht stärker miteinander verbunden als reflektierende Vernunft und Gefühl? Dies mag von dem Potential der aktivierten menschlichen Fähigkeiten her tatsächlich so sein; gleichwohl folgt daraus nicht die Unvernunft der Gefühle. Im Gegenteil: Der Mensch kann mit seiner reflektierenden Vernunft urteilskräftig die Begrenzung des bloß Kognitiven selbst erkennen und sich einsichtsvoll dem leib-seelischen Involviertsein überlassen.[35] Gefühle sind damit keineswegs irrational und markieren keinen Gegensatz zur Rationalität. Sie gehören nicht nur zur biologischen Grundausstattung des Menschen, sondern sie erfüllen unser Leben und geben dem Dasein Bedeutung.

35 Siehe die Fortsetzung dieser Überlegungen im zehnten Kapitel.

3. Gefühle, Computer und ›instrumentelle Vernunft‹

Erkennende Gefühle verdeutlichen besonders eindrücklich, dass die Trennung von Verstand und Gefühl nicht überzeugt. Dies lässt sich am Beispiel der Kreativität erläutern, die als erkennendes Gefühl im Mittelpunkt der folgenden Überlegungen steht. Nach einer Begriffsklärung wird in diesem Abschnitt die Frage erörtert, ob Computer kreativ sein können oder ob sie sich als eigentliche Verstandeswesen zum heutigen Erbe des *animal rationale* entwickeln. Nachdem Kreativität als erkennendes Gefühl und Computer in ein Verhältnis gesetzt sind, drängt sich eine weitere These auf: Weder die Kreativität noch Gefühle überhaupt stehen außerhalb einer Welt der instrumentellen Vernunft.

Was ist Kreativität? Eine alte Stilisierung – von Sokrates in die Welt gesetzt und von Platon aufgeschrieben – rechnet dem Philosophierenden die Einsicht »Ich weiß, dass ich nichts weiß« zur Ehre an. Oft wirkt die philosophische Kritik des üblichen Alltagswissens und der vermeintlich weise Rückzug auf das Nichtwissen fad und drückt manchmal nur fehlende Sachkompetenz aus. Beim Thema Kreativität dürfte demgegenüber ein Beharren auf dem Nichtwissen durchaus sinnvoll sein, um dem allzu flotten Umgang mit diesem Wort etwas abzuhelfen.[1] Alle Welt redet ganz selbstverständlich von Kreativität und meint damit wohl das, was Künstler, Werbetexter und vielleicht noch Wissenschaftler brauchen, um neue, eben kreative Ideen und Problemlösungen hervorzubringen. Die handfesten Praktiker vom Sozialarbeiter bis zum Manager bekommen demgegenüber den Ehrentitel der Kreativität

1 Vgl. von Hentig, *Kreativität. Hohe Erwartungen an einen schwachen Begriff.*

höchstens in ihrer Freizeit zugesprochen, in der sie als Lockerungsübung an der Volkshochschule oder in Ferienkursen die Anfangsgründe der Seidenmalerei oder des Töpferns erlernen.

Gemäß der bekannten, nicht nur spöttisch gemeinten Definition »Intelligenz ist das, was ein Intelligenztest misst« lautet die Definition von Kreativität: »Kreativität ist das, was ein Kreativitätstest misst.« Ebenso wenig wie die erste Definition wirklich klärt, was Intelligenz ist, hilft die zweite im Fall der Kreativität weiter. Auch der lateinische Wortstamm *creare* und seine Übersetzungen ›schaffen, hervorbringen, erzeugen‹ umkreisen das Rätsel der Kreativität bestenfalls. Wie verhält sich der Begriff Kreativität zu Nachbarbegriffen? Sollen beispielsweise Originalität, Phantasie, Intuition, Inspiration und Innovation als Teilmomente der Kreativität gelten? Oder handelt es sich jeweils um etwas anderes als Kreativität?

Nach dem üblichen Vorverständnis scheint jedenfalls die Welt der Kreativität ohne Berührung zur prosaischen Welt des Nicht-Kreativen und der Alltagsroutine zu sein. Im ersten Universum muss es demnach wohl immer kreativ zugehen, während in der anderen Sphäre das unkreative Schuften und das mechanische Einsetzen des Verstandes dominieren. Stimmt diese einfache Entgegensetzung? Oder verdient nicht vielleicht doch manche problemlösende Tätigkeit des Praktikers und des Verstandesmenschen die Kennzeichnung des Kreativen? Die Welt der Kreativität dürfte jedenfalls mehr mit harter Arbeit und Nachdenken zu tun haben, als der inflationäre Gebrauch des Begriffs nahelegt. Wer beispielsweise die Biographie des Komponisten Richard Strauss auch nur flüchtig anschaut, ist überrascht, wie regelmäßig, fast stupide sich Strauß zum Arbeiten und Komponieren an seinen Schreibtisch begeben hat. Auch die Erlebnisberichte anderer Künstler und Schreibender untermauern, wie diszipliniert ›Kreative‹ arbeiten müssen, um von der ersten Idee zu einem fertigen Produkt zu kommen.

Max Weber analysiert Kreativität in seiner Rede »Wissenschaft als Beruf« in einer Form, die wohl auch für die nicht-wissenschaftliche Tätigkeit gilt: »Nur auf dem Boden ganz harter Arbeit bereitet sich normalerweise der Einfall vor [...]. Der Einfall ersetzt nicht die Arbeit. Und die Arbeit ihrerseits kann den Einfall nicht ersetzen oder erzwingen.« Weiter berichtet Weber von Kollegen, denen so mancher Einfall »bei der Zigarre auf dem Kanapee« oder »beim Spaziergang auf langsam steigender Straße« kommt, nur gerade »nicht während des Grübelns und Suchens am Schreibtisch«.[2] Ohne das Arbeiten und Grübeln am Schreibtisch gäbe es aber auch die Einfälle nicht. Schließlich wendet sich Weber schon 1919 gegen die Vorstellung, dass Kreativität »auf dem Gebiete der Bewältigung von Problemen des praktischen Lebens durch einen modernen Unternehmer« keine Rolle spiele. Die Anforderungen an die Kreativität in Kunst, Wissenschaft und praktischem Leben sind für ihn vielmehr prinzipiell vergleichbar.

Das *Historische Wörterbuch der Philosophie* behauptet, dass die Verwendung von ›Kreativität‹ immer in einer sechsstelligen Relation stehe: »Die im Rahmen R zum Produkt P führende Handlung H des Individuums I wird vom Beurteiler B im Hinblick auf ein System S von Erwartungen und Zwecken als kreativ eingestuft.«[3] Demnach hängt das Zusprechen von Kreativität bei den Handlungen eines Individuums insbesondere von der Position des Beurteilers ab, der ein kreatives Erzeugnis in einem gegebenen Rahmen nach bestimmten Kriterien als kreativ empfindet. Gerade weil Kreativität etwas mit dem Schaffen von Neuem und dem Durchbrechen von akzeptierten Konventionen und Denkstilen zu tun hat, wird nicht jede Neuschöpfung mit der Einschätzung »wie kreativ« verse-

2 Weber, »Wissenschaft als Beruf«, S. 589 f.

3 Ritter/Gründer (Hrsg.), *Historisches Wörterbuch der Philosophie*, Bd. 4, Sp. 1200.

hen. Manche Durchbrechung der Norm wird vielmehr einfach als falsch, unsinnig oder deplatziert, aber nicht als kreativ angesehen. Dabei sind es eben nicht einfache Tatsachen für alle einsehbar, die es rechtfertigen, von Kreativität zu sprechen. Ob generell etwas als ›kaputt‹, ›unnormal‹, vielleicht auch als ›nervig‹ empfunden wird oder als ›kreativ‹, bedarf des einordnenden Urteils. Paradox ausgedrückt: Nicht jedem schöpferischen Akt und insofern nicht jeder Erscheinungsform von Kreativität billigen wir die positive Bewertung als Kreativität zu. Ein Sprecher gibt mit diesem Wort zu erkennen, dass er etwas zunächst ungewöhnlich und neu Wirkendes positiv bewertet. Dies macht die Verwendung des Ausdruckes stark positionsabhängig und fast zu einer Leerformel.

Ich will jetzt das Reden von Kreativität in der Welt der Computer aufsuchen; denn die Anhänger der Künstlichen Intelligenz begnügen sich nicht mehr mit der einfachen Intelligenz und den Kognitionsleistungen ihres Gerätes, sondern meinen, den kreativen Computer ausgemacht zu haben. Es wird sich erweisen, dass dieser Anspruch Computern auf der Verhaltensebene nicht rundheraus abgesprochen werden kann. Auch hierin liegt ein Indiz, dass Kreativität als Begriff jenseits von Verstand und Gefühl anzusiedeln ist. Flüchtig betrachtet muss ein Computer als Inbegriff des Nicht-Kreativen gelten. Gibt es etwas Mechanischeres und Regelhafteres als das Textverarbeitungssystem, mit dem ich dieses Buch schreibe? Wird das computergestützte Buchungswesen im Reisebüro nicht gerade dann geschätzt, wenn es effektiv und ohne originelle Abweichungen genau das Gewünschte in die Wege leitet? Sollten wir deshalb nicht lieber den Computer ganz klar auf die Seite des Nicht-Kreativen stellen, damit wir bei aller begrifflichen Unklarheit wenigstens einen Fixpunkt bekommen? Doch schon der Blick auf den Programmierer lädt zu der Nachfrage ein, ob dessen Tätigkeit nicht doch als kreativ einzuschätzen ist. Die gegenwärtige Debatte um die Möglichkeit einer Künstlichen Intelligenz zeigt im Übrigen, dass die Frage nach der Computer-Kreativität als kontrovers und als Schlüsselkriterium anzusehen ist. Die Befürworter einer Künstlichen Intelligenz sprechen sie dem Computer zu; die Gegner behaupten genau mit dem Verweis auf die Nicht-Kreativität des Computers die Unmöglichkeit der Künstlichen Intelligenz. Kreativität muss in dieser Debatte als Teilphänomen der Intelligenz, sozusagen als ihre höchste Spitze gelten. Sie wird als anspruchsvolle Intelligenz im Gegensatz zur ›dummen‹ Intelligenz des einfachen Rechnens und Sortierens angesehen.

Auch ganz generell verwirrt der Computer die Begriffswelt von Gefühl und Verstand: Ist nicht heute der Computer der eigentliche Erbe des Menschen als *animal rationale*? Muss nicht der Mensch zur Rettung des spezifisch Menschlichen Zuflucht bei den Gefühlen suchen? Hierfür spricht in der Tat viel. Computer nehmen keine Wichtigkeitsbesetzungen vor und sind auch nicht involviert (höchstens die Programmierer ihrer Software). Deshalb ist es nicht abwegig, in der Debatte um Mensch und Maschine das typisch Menschliche stärker in den Gefühlen zu suchen als in einer kognitiv verstandenen Intelligenz. Doch auch in dieser Hinsicht mag die Abkehr von der Dichotomie von Verstand und Gefühl neue Akzente setzen. Wenn die alte Trennlinie von Verstand und Gefühl ihre Gültigkeit verliert, lassen sich auch Mensch und Maschine nicht so einfach unterscheiden. Die Intelligenz des Menschen wird durch sein Involtviertsein eine andere Erscheinungsform gewinnen als ohne Gefühle, so dass Gefühle nicht als irrationaler Teil des Menschen gegen den Computer in Stellung zu bringen sind, sondern als Tönung des ganzen Menschen. Selbst wenn Computer als kreativ zu bezeichnen wären, bliebe ihre Kreativität lediglich ein Verhalten, das ein leiblich-seelisches Involviertsein nur äußerlich nachmacht: Wo Gefühle fehlen, arbeitet auch der Verstand anders.

Als klassisches Kriterium für die Intelligenz eines Computers gilt seit den fünfziger Jahren des letzten Jahrhunderts der Turing-Test. Nach diesem Test ist ein Computer dann als intelligent und indirekt auch als kreativ anzusehen, wenn sein ›Verhalten‹ als intelligent und kreativ gilt. In dem von dem Mathematiker Alan Turing vorgeschlagenen Test werden mittels einer Tastatur einem Menschen und einem Computer, die sich jeweils in einem anderen Raum ohne Sichtkontakt zu den Versuchspersonen befinden, Fragen und Aufgaben gestellt. Wenn diese nicht mehr unterscheiden können, ob auf der anderen Seite ein Computer oder ein Mensch reagiert, dann muss nach dem Turing-Test dem Computer aufgrund seines nicht vom Menschen abweichenden Verhaltens Intelligenz und Kreativität zugesprochen werden. Durch die Grundanlage des Testes in Richtung des Verhaltens macht die Versuchsanordnung von vornherein deutlich, dass mit Gefühlen beim Computer nicht zu rechnen ist (jedenfalls wenn man die behavioristische Verkürzung von Gefühlen als Dispositionen zu Handlungen nicht akzeptiert). Turing ging vor fünfzig Jahren immerhin davon aus, dass Computer seinen Test bestehen könnten, sobald genügend Speicherkapazität zur Verfügung stünde. Der Blick auf die Leistungsfähigkeit gegenwärtiger Computerprogramme zeigt denn auch, dass Computer Tätigkeiten erledigen, die wir als intelligent und kreativ bezeichnen, wenn sie von Menschen erledigt werden. Computer spielen besser Schach als die meisten Menschen. Nur einige wenige Großmeister können die ausgeklügelten Schachcomputer noch besiegen. An diesen Tatbestand haben wir uns allmählich gewöhnt. Aber Computer schreiben auch Gedichte und komponieren Musikstücke, während die meisten von uns weder das eine noch das andere können – und wenn, nur mit Mühe. Sind bestimmte Computer also kreativer als die meisten Menschen? Die naheliegende skeptische Antwort auf die Vermutung lautet: In Wirklichkeit seien es doch die Programmierer, die dem Computer seine lyrische Kompetenz ermöglichen und das Gerät als Komponisten erscheinen lassen. Wenn also hier jemand kreativ sei, dann doch wohl der Schreiber des Programms und nicht der Computer selbst. Dieses Argument kontern die Künstlichen Intelligenzler damit, dass sie auf die Erbanlagen und die kulturelle Prägung des kreativen Menschen verweisen, der metaphorisch gesprochen eben auch ein Programm für seine Kreativität brauche.

Die These der Computer-Kreativität scheint in den letzten Jahren durch eine neue Richtung der Computerwissenschaften zusätzlich an Gewicht zu gewinnen. Die Neuroinformatik versucht als Grenzdisziplin zur Biologie die Kenntnisse über das menschliche Gehirn für die Entwicklung von Computern nutzbar zu machen. Wie das menschliche Gehirn durch die gewaltige Zahl der Verknüpfungen zwischen den Neuronen ganz verschiedene Einsichten gewinnen und integrieren kann, sollen auch die zukünftigen Computer von den Kenntnissen der Gehirnarchitektur profitieren. ›Konnektionismus‹ und ›neuronale Netze‹ sind deshalb in der Informatik zu Schlagworten geworden, die auf lernfähige und kreative Computer verweisen. Auch wenn Biologen vorerst relativ wenig darüber wissen, wie sich Kreativität und Lernen im menschlichen Gehirn – sozusagen in unserer ›Hardware‹ – ablagern und zu Veränderungen der Neuronenverbindungen führen, stehen Informatiker schon bereit, sofort die ersten Brocken des Verständnisses für ihre Zwecke zu nutzen. Gerade weil herkömmliche serielle Computer allmählich an die Grenzen ihrer Leistungsfähigkeit stoßen, die durch immer größere Programme und Speicher nur hinauszuschieben, aber nicht zu überspringen sind, stürzen sich Informatiker auf die gehirnorientierten Neuansätze. Wie das menschliche Gehirn aus Erfahrungen lernt, können dann auch Computer ihre eigenen Programme verändern. Wäre ein solcher Computer nicht ein lernendes Wesen und damit kreativ?

Als Kritiker der Künstlichen Intelligenz haben sich Hubert L. Dreyfus, John R. Searle und Joseph Weizenbaum dauerhaft einen Namen gemacht, indem sie schon vor längerer Zeit verschiedenartige Muster einer Ablehnung der Künstlichen Intelligenz formuliert haben: Während Weizenbaum betont, dass Computer gerade wegen ihrer Leistungsfähigkeit nicht alles machen *sollten,* haben Dreyfus und Searle nach grundsätzlichen Argumenten gesucht, weshalb ein Computer nie und nimmer kreativ sein könne. Dabei versucht Hubert L. Dreyfus nachzuweisen, dass ein noch so intelligent und kreativ wirkender Computer immer regelorientiert arbeitet.[4] Für spezifisch menschliche Intelligenz und Kreativität sei jedoch die nicht in Regeln fassbare Intuition zentral. Dieses Argument von Dreyfus gerät angesichts der Neuroinformatik jedoch in Bedrängnis: Denn steht dahinter wirklich mehr als die tautologische Behauptung »ein Computer ist nicht kreativ, weil er nicht kreativ ist«? Die Orientierung an neuronalen Netzen versucht ja gerade, die Programmierung nach starren Regeln zugunsten einer lernfähigen Selbstveränderung aufzugeben, die sich dann mit Kreativität decken könnte.

John R. Searle setzt das Gedankenexperiment des »Chinesischen Zimmers« in die Welt und glaubt damit die Befürworter der Künstlichen Intelligenz ein für alle Mal zum Schweigen bringen zu können. In dem Gedankenexperiment werden wir eingeladen, den Computer mit einem Menschen in einem Zimmer zu vergleichen. Schon in der Anlage des Vergleiches wird der alte Turing-Test ironisch aufgegriffen. Dem Menschen im Zimmer stehen Karteikärtchen mit chinesischen Schriftzeichen und ein Regelwerk zur Benutzung der Karteikärtchen zur Verfügung. Der Mensch versteht kein bisschen Chinesisch, kann aber das in seiner eigenen Sprache abgefasste Regelwerk benutzen. Nun werden von außen in das Zimmer Karteikärt-

4 Dreyfus/Dreyfus, *Künstliche Intelligenz.*

chen auf Chinesisch hereingereicht. Unter Zuhilfenahme des Regelwerkes reicht der Mensch dann seine Antworten auf Chinesisch aus dem Zimmer heraus. Searle folgert aus seinem Modell, dass der Mensch im Zimmer offensichtlich ebenso wenig Chinesisch verstehe, wie ein Computer dichten und komponieren könne, der lediglich mit Hilfe seines Regelwerkes Gedichte und Musikstücke produziert. Folglich könne überhaupt keine Rede davon sein, dass ein Computer intelligent und kreativ sei, bloß weil er sich oberflächlich betrachtet so verhalte. In Wirklichkeit bleibe der Computer – er könne tun, was er wolle – eine dumme Maschine.[5]

Wie ein Mensch im Chinesischen Zimmer können sich Computer sowohl intelligent als auch kreativ verhalten. Menschen als Gefühls- und Verstandeswesen, die gleichzeitig zur Vernunft fähig sind, fällt kein Zacken aus ihrer Krone, wenn Computer als von ihnen geschaffene Wesen mit Blick auf einzelne Aktivitäten auch als intelligent und kreativ bezeichnet werden. Ein Eifern gegen solche Bezeichnungen, das Dreyfus und Searle charakterisiert, ist der Sache nach unnötig: Aufgrund des Mangels an Involviertsein wird sich Intelligenz und Kreativität bei Computern ohnehin von der menschlichen dauerhaft unterscheiden.

Interessanter als manche Debatte um die Künstliche Intelligenz scheint mir das Nachdenken über Computer und die Veränderung der Welt durch sie zu sein. Deshalb bleiben die Überlegungen von Joseph Weizenbaum so wichtig. Weizenbaum erweitert die Perspektive: Zwar bringt auch er Argumente gegen die Möglichkeit einer Künstlichen Intelligenz vor, aber im Wesentlichen konzentriert er sich auf eine Kritik am »Imperialismus der instrumentellen Vernunft«.[6] In der Tradition der Frankfurter Schule der Philo-

5 Vgl. insgesamt Searle, *Geist, Hirn und Wissenschaft.*
6 Weizenbaum, *Die Macht der Computer und die Ohnmacht der Vernunft.*

sophie, besonders Max Horkheimers, auf den sich Weizenbaum ausdrücklich bezieht, steht der Begriff der instrumentellen Vernunft für eine ganze Gegenwartsdiagnose. ›Instrumentelle Vernunft‹ kennzeichnet für Horkheimer den »Begriff der Rationalität [...], der gegenwärtiger industrieller Kultur zugrunde liegt«. Die Rationalität als bloßes Mittel und Instrument dient ausschließlich einer leer laufenden Effektivität, ohne auf den Sinn und die Ziele der Effektivität überhaupt noch zu achten. Das Zeitalter der instrumentellen Vernunft hat demgemäß für Horkheimer vergessen, weshalb es überhaupt angetreten ist: »Als die Idee der Vernunft konzipiert wurde, sollte sie mehr zustande bringen, als bloß das Verhältnis von Mitteln und Zwecken zu regeln; sie wurde als das Instrument betrachtet, die Zwecke zu verstehen, *sie zu bestimmen.*«[7]

Schon bei Horkheimer selbst galt der Computer als Element, die »verwaltete Welt« als eine instrumentalisierte und rationalisierte Welt zu komplettieren. Weizenbaum akzeptiert nun ausdrücklich diese Perspektive und analysiert die Computertechnologie in ihrem Beitrag zur »verwalteten Welt«. Auf diese Weise macht er kenntlich, dass der Computer und die Frage nach dessen Kreativität in einem kulturellen Umfeld auftreten: »Was wir errungen haben, ist ein neuer Konformismus, der uns erlaubt, alles, was gesagt werden kann, in den funktionalen Sprachen der instrumentellen Vernunft zu sagen, uns aber verbietet, uns auf das zu beziehen, was Ionesco die lebendige Wahrheit genannt hat.«[8] Wenn Weizenbaum mit dieser Diagnose Recht hat, dann ändert auch ein kreativer Computer hieran ebenso wenig wie Gefühle. Kreativität und Gefühle überhaupt werden selbst in die Welt des Konformismus und der Instrumentalisierung hineingezogen und können zum Teil der instrumentellen Vernunft werden, indem

7 Horkheimer, *Zur Kritik der instrumentellen Vernunft*, S. 21.
8 Weizenbaum, S. 340 f.

gleichzeitig ein zu enges Verständnis ihres Zweck-Mittel-Charakters überwunden wird. Sie ermöglichen so das Auffinden besonders effektiver Zweck-Mittel-Zusammenhänge, gerade weil sie zunächst aus dem Denken in den Kategorien von Zweck und Mittel entlassen sind.

Computertechnologien bringen in ihrem möglichen Ausdruck einer konformistischen Kreativität sicher nicht alles Unglück neu in die Welt, aber sie können als Trendverstärker für eine ohnehin laufende Funktionalisierung und Instrumentalisierung gelten. Ähnliches gilt für den Boom der Kreativität in der Wirtschaft. Das geläufigere Parallelwort für Kreativität in der Wirtschaft lautet ›Innovation‹. Kreativität als Innovation kann geradezu als ein Zentralmerkmal der kapitalistisch verfassten Wirtschaft gelten: Ohne Innovationen bliebe der Gewinn in der Zukunft aus. Ein Wirtschaftsunternehmen muss deshalb ein handfestes Interesse an der Kreativität der Mitarbeiter haben. Sogar im *Historischen Wörterbuch der Philosophie* wird deshalb der Verdacht geäußert: »Es ist also nicht ausgeschlossen, dass die unkreativste Bedeutungsvariante des vieldeutigen Wortes ›Kreativität‹ sich als die offizielle durchsetzt: Kreativität als Arbeitsproduktivität.«[9]

Die kritische Perspektive auf die Rede von Kreativität im Zusammenhang mit Computern kennzeichnet jedoch nur eine Seite der möglichen Beurteilung; zugleich kann die Instrumentalisierung der Kreativität auch verändernd und auflockernd auf eine allzu starre Instrumentalisierung zurückwirken: Beispielsweise werden alte hierarchische Firmenstrukturen durch den Verweis auf ihre Kreativität verhindernde Rolle in Frage gestellt. »Bei autoritärer Führung«, so Reinhard Höhn, »ist jede Kreativität dem Untergebenen vom Prinzip her untersagt. Kreativ darf nur die Spitze sein. Die Untergebenen haben deren kreative Ideen weisungsgemäß umzusetzen. Der kreative Untergebene

9 Ritter/Gründer (Hrsg.), Bd. 4, Sp. 1204.

gilt als aufsässig, als ausgesprochener Störfaktor innerhalb des Systems und als Widerspruch zu ihm selbst. Die Kreativität ist das Vorrecht der Spitze.«[10] Müssen den Mitarbeitern deshalb kreative Freiräume eingeräumt werden, weil eine enge Aufgabenstellung viel weniger effektiv ist? Liegt also in dem neuen Modell des kreativen Mitarbeiters gar ein Element der Systemtransformation? Muss der fortgeschrittene Kapitalismus, gerade weil die Effektivität zu erhalten ist, eine neue Freiheit zulassen? Lässt die »verwaltete Welt« und die Ausbreitung der instrumentellen Vernunft also auf die Dauer gerade ihr Gegenteil entstehen? Gibt es nach der »Dialektik der Aufklärung« eine »Dialektik der Dialektik der Aufklärung«? Werden Gefühle auch im Arbeitsleben aufgewertet, weil dies effektiver ist als eine starre Gefühlsverleugnung?

Ich glaube, dass alle diese Fragen mit einem vorsichtigen »Ja, vielleicht« zu beantworten sind. Der modische Boom der Kreativität und eine Aufwertung der Gefühle müssen nicht notwendigerweise nur eine Äußerlichkeit kennzeichnen, die einfach ideologiekritisch auf ihren wahren Kern der bloßen Instrumentalisierung zurückgeführt werden kann. Die für Kreativität und für Gefühle überhaupt notwendige Sensibilität und Wahrnehmungsfähigkeit könnten auch eine positive Veränderung von Arbeitsverhältnissen bewirken. Nur zum Hort des Nicht-Instrumentellen werden Kreativität und Gefühle damit nicht; denn auch hier versagt die Zuordnung von Gefühl und Verstand zum Instrumentellen und Nicht-Instrumentellen. Gefühle lassen sich ebenso funktionalisieren wie Gedanken und damit prinzipiell in eine Welt der instrumentellen Vernunft einordnen. Die tägliche Werbung im Fernsehen und auf der Litfaßsäule liefert ein besonders naheliegendes Beispiel für Gefühle in der Welt der instrumentellen Vernunft, denn selbstverständlich werden diese nur zum Zweck des Ver-

10 Höhn, *Die Technik der geistigen Arbeit*, S. 128.

kaufs erzeugt. Auch manches romantische Klischee des heutigen Liebeslebens ist nur das Produkt eines gerade gesehenen Films oder eines Romans. Ganz zu schweigen von politischen Wahlkämpfen, die vor allem positive Gefühle für den je eigenen Kandidaten zu erzeugen suchen. In der Moderne lassen sich Gefühle jedenfalls in bestimmten Grenzen ohne weiteres herstellen; so gibt es keinen Grund, sie als besonders rein und außerhalb des Instrumentellen zu deuten.[11] Sobald Gefühle allerdings innerhalb der instrumentellen Vernunft zur Geltung kommen, setzt gleichzeitig ein Prozess der schleichenden Aufhebung des leiblich-seelischen Involviertseins mit der Wahrnehmung von Besonderheit und Ermöglichung von Wichtigkeitsbesetzung ein: Der Konformismus der instrumentellen Vernunft unterminiert Besonderheit und führt tendenziell zur bloß noch rollenmäßigen Behauptung des Involviertseins. Die vermeintliche Reinheit der Gefühle eignet sich nicht als Bollwerk gegen die instrumentelle Vernunft, denn es kommt nicht selten vor, dass sie sich bei der Instrumentalisierung als flüchtig erweisen und nur dem Scheine nach noch anwesend sind.

Auf jeden Fall lässt der Begriff der Kreativität die philosophische Grenze von Verstand und Gefühl hinter sich und unterstreicht die Fragwürdigkeit dieser Grenze. Ein Loblied auf die Kreativität als erkennendem und dabei womöglich noch reinem Gefühl folgt daraus nicht; im Gegenteil, es bleibt hier Skepsis gegenüber allzu großen Erwartungen angebracht. Trotzdem kann manchmal die Kreativität ebenso wie die Phantasie als Pfadfinder des Richtigen auftreten, die der Vernunft auf die Sprünge helfen. Viele Gedanken des Verstandes mögen richtig sein, aber oft bleiben sie arg begrenzt und dröge. Da helfen Kreativität und Phantasie weiter und machen unser Leben

11 Vgl. Illouz, *Der Konsum der Romantik*, S. 144, und den ganzen Kontext: »Der Kapitalismus ist unerbittlich in die privatesten Nischen unseres zwischenmenschlichen und emotionalen Lebens eingedrungen.«

vielfältiger; doch ein Gegensatz zum Verstand oder gar zur Vernunft muss dabei nicht stilisiert werden. Selbst der Computer als vermeintliches *animal rationale* kann sich prinzipiell kreativ verhalten, ohne allerdings wirklich leiblich-seelisch involviert zu sein, zumal erkennende Gefühle wie die Kreativität ein Teil der ambivalenten Welt der instrumentellen Vernunft sein können.

4. Zur Biologie der Gefühle

Der Mensch ist gleichzeitig ein Natur- und ein Kulturwesen – oder um es auf Arnold Gehlens Formel zu bringen: Der Mensch ist von Natur aus ein Kulturwesen.[1] Daher ist auch bei den Gefühlen mit Natur und Kultur gleichermaßen zu rechnen. Gefühle sind kulturell konstituiert, auch wenn es ohne Natur keine Kultur gäbe. In diesem Abschnitt soll ein Blick auf die natürliche Basis der Gefühle geworfen werden, während die kulturelle Konstitution im nächsten in den Mittelpunkt rückt. Die Melancholie dürfte beispielsweise ein solches Gefühl sein, das ebenso biologische Wurzeln wie eine kulturelle Konstitution besitzt. Daher ist die Melancholie geeignet, ein weiteres Nachdenken über die Gefühle auf der Grenze von Natur und Kultur anzuregen.

Nach einer Phase in der Anthropologie, die den Menschen – fähig der Vernunft und der Sprache – als Krone der Schöpfung begreift, wird seit einiger Zeit das Tierische, das biologische Erbe des Menschen betont. Ein Siegeszug der Biologie im Allgemeinen und der Neurobiologie im Besonderen scheint begonnen zu haben. Und die Neuentdeckung der Natürlichkeit des Menschen hat vermutlich alles Recht auf ihrer Seite. Dies beinhaltet allerdings – anders als manche hoffen oder befürchten – kein Deutungsmonopol der Naturwissenschaften für den Menschen. Der Mensch bleibt auch als Naturwesen kulturell konstituiert; die Konsequenzen der naturwissenschaftlichen Analyse für das Kulturwesen Mensch dürfen nicht überschätzt werden. Vielmehr ist eine doppelte Denkbewegung sachlich angemessen, wonach der Mensch als Naturwesen zwar zu Recht zum Gegenstand der Naturwissenschaften wird, aber trotzdem eine ausschließlich naturwissenschaftliche

1 Gehlen, *Der Mensch*.

Betrachtung des Menschen als verkürzend gilt. Ein Gleichheitszeichen zwischen den Aussagen »der Mensch ist ein Naturwesen« und »der Mensch ist ausschließlich ein Untersuchungsobjekt der Naturwissenschaften« ist demnach unberechtigt. Um das Spezifische des Menschen als Kulturwesen wahrzunehmen, empfiehlt sich eine spezifische Begrifflichkeit. Das heißt nicht, dass die Kultur die Natur verlässt. Auch wenn die Kultur ein Teil der Natur ist, gibt es keinen zwingenden Grund, den begrifflichen Zugang zu ihr ausschließlich in den Naturwissenschaften zu suchen.

Es stehen beim Thema der Natürlichkeit des Menschen alte Vorurteile im Raum: Der aufgeklärte Mensch kann sich angeblich in völliger Freiheit zu seinen eigenen Antrieben verhalten. Eine natürliche Bedingtheit wird nach diesem Vorurteil nicht nur als freiheitsgefährdend angesehen, sondern geradezu als Bedrohung eines humanen Lebens. Viele Geisteswissenschaftler fühlen sich ohnehin von dem Siegeszug der Naturwissenschaften angegriffen und meinen daher gegen die so empfundene Übermacht der Naturwissenschaften zu streiten, wenn sie die Bedeutung des natürlichen Erbes des Menschen herabsetzen. Demgegenüber möchte ich zwei Perspektiven miteinander verbinden, nämlich die Natürlichkeit in unserem Selbstbild zu akzeptieren, aber aus ihr kein ausschließliches Deutungsmonopol der Naturwissenschaften zu folgern.

Was hat all dies mit Gefühlen zu tun? Gefühle können als der Teil des Menschen gelten, der auch vom hartnäckigsten Rationalisten noch am ehesten der Natur überlassen wird. So wie Platon die verschiedenen Seelenteile voneinander abgrenzt oder Kant Pflicht und Neigung gegenüberstellt, mag mancher denken, die Gefühle markieren das natürliche Erbe des Menschen und der Verstand das kulturelle. Wenn man die mit dem Dualismus einhergehende Abwertung der Gefühle nicht teilt, fällt es schwerer, das eigentlich Menschliche im Verstand zu verteidigen. Gegen den alten Dualismus schlage ich vor, Gefühl und

Verstand (reflektiert in der Vernunft) gleichermaßen als menschlich zu begreifen und deren natürliche Basis mit ihrer kulturellen Konstitution zusammen zu denken.

Was kann ein Philosoph überhaupt zur Biologie der Gefühle beitragen? Aus eigener Sachkompetenz zunächst gar nichts. Gleichwohl kann er einen Reim auf die speziellen Ergebnisse der Neurobiologie anbieten. Dies ist allerdings auch schon eine ganze Menge, da der experimentierende Wissenschaftler – ausreichend gefordert durch die komplizierten Laborarrangements – hierzu meist nicht mehr kommt. Reime sind verkappte Theorien, deren Mangel in der experimentellen Neurobiologie selbst von Neurobiologen gelegentlich beklagt wird. Um in der Philosophie allerdings überhaupt über die Biologie der Gefühle reden zu können, sind Gewährsleute des Empirischen erforderlich. Ein wichtiger Gewährsmann ist für mich Gerhard Roth, der in seinem Buch *Fühlen, Denken, Handeln*[2] gründlich und umfangreich die neurobiologischen Grundlagen der Gefühle herausgearbeitet hat. Darüber hinaus gibt es eine wahre Flut von Literatur, die auf die Biologie der Gefühle eingeht.[3] Hervorgehoben sei der amerikanische Neurologe Antonio R. Damasio, der sich gleich in mehreren Büchern mit der Neurobiologie der Gefühle beschäftigt hat – nicht ohne wirkungsmächtig schon im Titel an philosophische Autoren wie Descartes und Spinoza anzuknüpfen.[4] Damasio legt dar, »dass die Vernunft möglicherweise nicht so rein ist, wie die meisten Menschen denken oder wünschen; dass Gefühle und Empfindungen vielleicht keine Eindringlinge im Reich der Vernunft sind, sondern, zu unserem Nach- *und* Vorteil, ihre Netze verflochten sein kön-

2 Roth, *Fühlen, Denken, Handeln*.

3 Vgl. Pert, *Moleküle der Gefühle. Körper, Geist und Emotionen*, die versucht, die Biologie der Gefühle nicht ausschließlich neurobiologisch zu analysieren. Insgesamt dominiert in den letzten Jahren die Neurobiologie allerdings gegenüber einer den ganzen Körper einbeziehenden Biologie.

4 Siehe Damasio, *Descartes' Irrtum*; Damasio, *Ich fühle, also bin ich*; Damasio, *Der Spinoza-Effekt*.

nen«.[5] Damit will Damasio nicht in Abrede stellen, dass Gefühle gelegentlich verheerende Auswirkungen haben. Wichtig ist ihm vielmehr, dass Gefühle auch zur Rationalität beitragen können: »Im Idealfall lenken uns Gefühle in die richtige Richtung, führen uns in einem Entscheidungsraum an den Ort, wo wir die Instrumente der Logik am besten nutzen können.«[6] Für Damasio sind Gefühle geradezu unerlässlich für Rationalität; denn die Welt stellt uns vor unüberschaubare Wahlmöglichkeiten. Der »emotionale Erfahrungsspeicher«, den wir im bisherigen Leben erworben haben, hilft uns, die Entscheidung zu vereinfachen, indem von vornherein gewisse Optionen ausgeschlossen und andere hervorgehoben werden: »In diesem Sinne […] ist das emotionale Gehirn am rationalen Denken genauso beteiligt wie das denkende Gehirn.«[7]

Damasio hat sich als Neurobiologe nicht nur mit dem funktionalen Aufbau des Gehirns beschäftigt, sondern auch mit der Biochemie der Gefühle, die er allerdings in eine funktionale Neurobiologie eingeordnet wissen will. Alkohol, Rausch- und Schmerzmittel ebenso wie Hormone haben als einnehmbare Substanzen allgemein bekannte Wirkungen auf Gefühle. Auch stimmungsverändernde Medikamente können manchmal »Gefühle der Traurigkeit oder Unzulänglichkeit in solche der Zufriedenheit oder des Selbstvertrauens verwandeln«.[8] Die empirische Evidenz für die körperliche Beeinflussbarkeit von Gefühlen durch chemische Stoffe ist schon älteren Datums und wird durch die heutige Neurobiologie nur verstärkt. Zugleich hat diese Evidenz unser Selbstbild noch immer nicht wirklich erreicht: »Verschiedene Spielarten des cartesianischen Irrtums verstellen uns den Blick auf die Wur-

5 Damasio, *Descartes' Irrtum*, S. 12.
6 Ebd., S. 13.
7 So die Zusammenfassung von Damasios Gedanken durch Goleman, *EQ*, S. 48 f.
8 Damasio, *Der Spinoza-Effekt*, S. 143. Vgl. Pert, *Moleküle der Gefühle*.

zeln des menschlichen Geistes in einem biologisch komplexen, aber anfälligen, endlichen und singulären Organismus.«[9] Es hält sich nicht zuletzt in der Philosophie immer noch hartnäckig die Vorstellung, dass das Humanum des Menschen gegen die Biologie verteidigt werden müsste. Das Menschliche des Menschen wird durch seine Natürlichkeit überhaupt nicht tangiert; die Natürlichkeit des Menschen ist neutral gegenüber dem Menschlichen in einem normativen Sinne. Weder führt die Natur des Menschen uns von selbst ins Paradies noch von selbst in die Hölle. Es gibt keinen normativen Grund, die Natürlichkeit des Menschen nicht wahrhaben zu wollen. Die Universalität der Menschenrechte wird dadurch nicht in Frage gestellt. Im Gegenteil: Ein Verständnis von der Natürlichkeit des Menschen dürfte das Gespür für die Gebrechlichkeit und Endlichkeit des Menschen verbessern. Ein unglücklicher Sturz auf den Kopf, ein unachtsamer Moment beim Überqueren der Straße, eine in die Luftröhre gelangte Fischgräte und vieles andere löschen ein menschliches Leben von einer Sekunde auf die andere aus. Hiergegen helfen Verstand und Kultur wenig.

Warum gibt es biologisch gesehen überhaupt Gefühle? Damasio gibt eine Antwort:

> Gefühle helfen uns, schwierige Probleme zu lösen, die Kreativität und Urteilsfähigkeit verlangen und Entscheidungsprozesse erforderlich machen, in deren Verlauf umfangreiche Wissensmengen abgerufen und manipuliert werden müssen. … Wenn Gefühle dem Selbst eines Organismus, das diese entwickelt, bewusst werden, verbessern und verstärken sie die Prozesse der Steuerung der Lebensvorgänge. [...] Die effektivste Lösung von schwierigen Problemen verlangt Flexibilität und eine sinnvolle Zusammenstellung von Infor-

9 Damasio, *Descartes' Irrtum*, S. 332.

mationen. Das können nur mentale Prozesse und die geistige Besorgnis, die durch Gefühle geweckt wird, leisten.[10]

Die Bücher von Damasio haben sicher deshalb eine so große Verbreitung gefunden, weil dieser Autor ein erhebliches Erzähltalent besitzt. Dieses Talent erlaubt ihm, die Leser im Dickicht neurobiologischer Einzelergebnisse nicht allein zu lassen, sondern Übersetzungen der Neurobiologie ins Alltägliche anzubieten. Wenn Damasio seine Bücher mit Bezug auf die Neurobiologie schreibt, aber im engeren Sinne keine naturwissenschaftlichen Bücher vorlegt, arbeitet er an der kulturellen Deutung naturwissenschaftlicher Ergebnisse.

Gerhard Roth ist im Gegensatz zu anderen ausschließlich im Labor arbeitenden Neurobiologen ein Autor, der immer schon ein großes Interesse an der Deutung der neurobiologischen Ergebnisse hatte. Vielleicht spielt eine Rolle, dass Roth früher selbst Philosophie studiert hat (dann aber dieses Fach aufgegeben hat wegen der von ihm empfundenen Dominanz des bloß Historischen, die für ihn mit einem mangelnden Sachinteresse einhergeht). Im Vergleich zu Damasio ist Roth weniger ein Erzähler als ein auf begriffliche Zusammenfassungen bedachter Wissenschaftler, der auch vor Polemik nicht zurückschreckt, wenn er meint, auf starrsinnige Anti-Naturalisten zu treffen.

Die evolutionäre Kontinuität des Menschen zum Tierreich wird von Gerhard Roth ebenso betont wie die Bedeutung des limbischen Systems im Gehirn des Menschen:

> Es gibt keinen ›qualitativen evolutiven Sprung‹ zwischen dem Verhalten des Menschen und seiner nächsten Verwandten [...]. In weiten Bereichen unseres Indivi-

10 Damasio, *Der Spinoza-Effekt*, S. 209 f. Vgl. LeDoux, *Das Netz der Gefühle*.

> dual- und Gruppenverhaltens (Partnerwahl, Sexualität, Dominanz- und Konfliktverhalten) ähneln wir stark den anderen Großaffen [...]. Besonders hinsichtlich der Arbeit des limbischen Systems sind wir typische Säugetiere. [...] Es trifft nicht zu, dass sich diejenigen Teile des menschlichen Gehirns, die mit Denken und Planhandlungen zu tun haben, [...] besonders stark entwickelt hätten. [...] Bewusstsein ist nicht die Krone menschlichen Wesens und nicht die entscheidende Grundlage unseres Handelns. [...] Vernunft und Verstand sind eingebettet in die affektive und emotionale Natur des Menschen.[11]

Das limbische System gehört zu den evolutionär älteren Teilen des Gehirns und gilt unter Neurobiologen als zuständig für Gefühle. Roth unterscheidet drei Funktionsebenen des limbischen Systems: Während die unterste Funktionsebene die Vorgänge enthält, die uns am Leben erhalten, spricht Roth für die mittlere Funktionsebene von den Gefühlen im engeren Sinne. Schließlich ist – besonders interessant – von einer dritten Ebene der »Verhaltensüberwachung, Fehlerkorrektur und Impulskontrolle« die Rede.[12] Ähnlich informiert Damasio über die »homöostatischen Mechanismen«, die im Laufe der Evolution beim Menschen vom Einfachen zum Komplexen ausgebildet worden sind:

(a) Stoffwechselregulierung mit den Grundreflexen und Immunantworten
(b) Schmerz- und Lustverhalten
(c) Antriebe und Motivationen
(d) eigentliche Emotionen[13]

11 Roth, *Fühlen, Denken, Handeln*, S. 451.
12 Roth, *Aus Sicht des Gehirns*, S. 149 und vgl. S. 145 ff.
13 Damasio, *Der Spinoza-Effekt*, S. 41 f. mit einer Baum-Abbildung. Die eigentlichen Emotionen werden auf S. 58 weiter unterteilt in »Hintergrundemotionen, primäre Emotionen und soziale Emotionen«.

Diese Gefühle sind nicht hierarchisch aufeinander aufgebaut, sondern folgen einem Prinzip der Verschachtelung. Demnach determinieren Stoffwechselregulierungen nicht mechanisch die eigentlichen Emotionen, sondern die verschiedenen Ebenen beeinflussen sich wechselseitig. Beispielsweise wird bei Stoffwechselbeschwerden der Einfluss der eigentlichen Emotionen stärker sein müssen als in besseren Stunden. Banal gesagt: Wer gerade starke Bauchschmerzen hat, ist bei seinen oder ihren Gefühlen der Zuneigung und der Liebe abgelenkt.

Das von Damasio in das Feld der Gefühle eingeführte Prinzip der Verschachtelung besteht auch fort, wenn Verstand und Vernunft einbezogen werden. Roth drückt dies so aus: »Bewusstsein und Einsicht können nur mit ›Zustimmung‹ des limbischen Systems in Handeln umgesetzt werden. [...] Das bewusste Ich ist nicht in der Lage, über Einsicht oder Willensentschluss seine emotionalen Verhaltensstrukturen zu ändern; dies kann nur über emotional ›bewegende‹ Interaktionen geschehen.«[14] In solchen Zeilen haben manche Leser einen als typisch empfundenen naturwissenschaftlichen Determinismus gesehen, der seine Grenzen überschreitet. Mir geht es anders. Roth entwickelt keinen philosophischen Determinismus, sondern informiert provokant über den Menschen. Im Kern scheint er mir Recht zu haben: »Diese Aussagen ergeben zusammen ein Menschenbild, das von dem vorherrschenden, vernunft- und ichzentrierten Menschenbild stark abweicht.«[15] Nur wer ein überzogen verstandesorientiertes Menschenbild hat, muss gegen diese Ergebnisse der Neurobiologie auf die Barrikaden gehen. Eigentlich sollte man unterstellen dürfen, dass schon mit der gedanklichen Verarbeitung von Friedrich Nietzsche und Sigmund Freud der Kulturschock ausgestanden ist. Denn wir wissen es doch bereits:

14 Roth, *Fühlen, Denken, Handeln*, S. 452 f.
15 Ebd., S. 453.

Der Mensch ist nicht Herr im eigenen Hause. Interessanterweise knüpft Roth ebenso wie Damasio ausdrücklich an Freuds Sicht der Gefühle an: »Die Theorie Sigmund Freuds wird in einer Reihe von Kernaussagen bestätigt, vor allem was die Dominanz des Unbewussten gegenüber dem Bewussten, die Bedeutung frühkindlicher Erfahrungen, die sehr beschränkten Möglichkeiten des Selbstverstehens und die Neigung des bewussten Ich zu Pseudoerklärungen und Konfabulationen betrifft.«[16] Die gegenwärtige Neurobiologie und die alte Psychoanalyse stehen an diesem Punkt in einer vergleichbaren Auseinandersetzung gegen ein traditionelles Menschenbild: »Rationalität ist eingebettet in die affektiv-emotionale Grundstruktur des Verhaltens; das limbische System entscheidet, in welchem Maße Verstand und Vernunft zum Einsatz kommen.«[17]

Die Neurobiologie stützt also eindeutig eine Sichtweise, die die Gefühle im Verhältnis zum Verstand stärker gewichtet. Gegenüber den traditionellen Sichtweisen des Menschen, die einseitig eine Verstandesorientierung betonen, kommt Neurobiologen das Verdienst zu, hier die Dimensionen zurechtgerückt zu haben.

So weit diese lobenden Worte für die Neurobiologie, sofern mit ihr kein Programm verbunden ist, in Zukunft alles Reden über Gefühle in neurobiologische Ausdrücke zu übersetzen. Die Neurobiologie stellt lediglich eine Rahmenperspektive bereit, die die allzu selbstgewissen Verstandesorientierungen fragwürdig erscheinen lässt. Eine kulturelle Verarbeitung der neurobiologischen Einsichten bleibt trotzdem gefordert; denn die neurobiologischen Theorien deuten sich nicht selbst. In dieser Hinsicht lässt sich bei Neurobiologen sogar immer wieder ein merkwürdig naiver Optimismus antreffen: In einem Vortrag werden interessante Schaubilder über Ereignisse im Gehirn gezeigt

16 Ebd., S. 454. Vgl. Roth, *Aus Sicht des Gehirns*, S. 145 und 151.
17 Roth, *Aus Sicht des Gehirns*, S. 164.

und dann flugs Subjekt und Objekt der Rede verändert, als ob das Schaubild uns direkt etwas über Bewusstsein oder Gefühle zu sagen hätte. In dieser Hinsicht ist auch Gerhard Roths Buch *Aus Sicht des Gehirns* schon im Titel kritikwürdig: Das Gehirn als Gehirn sieht gar nichts, sondern Roth ist es, der in Beziehung auf neurobiologische Forschungen etwas zu Papier bringt. Klassisch wird die Missachtung eines solchen Unterschiedes in der Philosophie als Kategorienfehler bezeichnet: Er liegt dann vor, wenn zum Beispiel Aussagen aus der Kategorie wissenschaftlicher Ergebnisse ohne weiteres in die Kategorie der normativen Bewertung übertragen werden. Solches geschieht nicht selten insbesondere bei der öffentlichen Präsentation neurobiologischer Forschungen.[18] Mancher Streit um die Bedeutung der Neurobiologie ließe sich vermeiden, wenn sich die Deutung neurobiologischer Ergebnisse stärker innerhalb der reflektierten Grenzen der Erkenntnis halten und eine normative Bewertung getrennt davon erfolgen würde. Wissenschaftliche Ergebnisse und ihre kulturelle Verarbeitung stehen in keinem direkten Kausalverhältnis, sondern sind der Interpretation ausgesetzt.

Roth spricht beispielsweise von den für alle Menschen gleichen Grundgefühlen.[19] Wenn er im Rahmen des Prinzips der Verschachtelung hier nur biologische Grundmechanismen meint, mag er Recht haben. Die höheren Emotionen – wie Damasio diese nennt – sind eindeutig nicht gleich bei allen Menschen, sondern kulturell wandelbar. Oder will man wirklich behaupten, dass beispielsweise Melancholie bei einem spätantiken Adligen, einem heutigen Japaner und bei jedem Einzelnen von uns Mitteleuropäern als gleich anzusehen ist? Die Unterstellung der gleichen Grundgefühle kann nur als steile und falsche These

18 Vgl. zum Beispiel Roth, ebd., S. 180 f. Hier geht es mit Verantwortung, Moral, Schuld und Strafrecht – angeblich auf der Basis neurobiologischer Fakten – merkwürdig durcheinander.

19 Ebd., S. 146.

bezeichnet werden. Sie markiert eine naturwissenschaftliche Grenzüberschreitung, die zugunsten der Phänomene in vergangenen und gegenwärtigen Kulturen zurückzuweisen ist.

Nicht untypisch für ein neurobiologisches Schwanken zwischen angemessener Ergebnisdarstellung und Grenzüberschreitung sind auch die folgenden Ausführungen aus einem Buch, in dem Brigitte Röthlein Grundwissen der Neurobiologie vermittelt:

> Aus vielen Experimenten an Tieren, einigen an Menschen und aus der Analyse von Gehirnverletzungen weiß man heute, dass emotionale Regungen hauptsächlich von drei Bereichen ausgehen: von Thalamus und Hypothalamus, vom limbischen System, dazu noch von einigen Bereichen der Großhirnrinde. Katzen, die durch eine Elektrode an bestimmten Stellen des Hypothalamus gereizt wurden, zeigten sich erregt, begannen zu fauchen und ihre Krallen auszustrecken. Sie ließen sich nicht mehr anfassen und begannen sogar, von sich aus aggressiv zu werden.[20]

Die in diesem Zitat geschilderten Forschungsergebnisse sind gar nicht zu bestreiten – dies steht einem Philosophen auch nicht zu. Es geht vielmehr um die Bedeutung und Reichweite solcher Aussagen für das Verständnis unserer Gefühlswelt. Sicher wird belegt, dass Gefühle bei Menschen und Tieren ›irgendetwas‹ mit spezifischen Regionen im Gehirn zu tun haben (auch wenn der erkenntnistheoretisch naive Umgang mit dem Begriff des Wissens befremden mag). Verräterisch ist dann auf der gleichen Seite des bereits Zitierten: »›Gefühle‹, das ist ein Begriff, mit dem Wissenschaftler wenig anfangen können. Er ist ihnen zu wenig genau.« Diese Stelle lässt sich so verstehen, dass

20 Röthlein, *Sinne, Gedanken, Gefühle.*

Neurobiologen sich eben nicht mit dem Thema der Gefühle so beschäftigen, wie es uns alltagsweltlich beim Aussprechen des »Ich liebe dich« interessiert. Dies ist vermutlich ein sachgemäßes Eingeständnis. Es macht aber keinen Sinn, zugleich Erwartungen zu wecken, in der Neurobiologie ließe sich besonders viel über unsere alltägliche Gefühlswelt lernen. Der sachliche Punkt, der hier auch gar nicht aporetisch stilisiert werden soll, bleibt: Es gehört zum Merkmal einer naturwissenschaftlichen Weltwahrnehmung, dass die Welt in einer operationalisierten Form zum Gegenstand der Untersuchung wird. Dies ist grundsätzlich legitim. Allerdings folgt daraus, dass der Untersuchungsgegenstand nicht mehr deckungsgleich mit dem alltäglich interessierenden Gegenstand ist. An diesen Umstand haben wir uns beispielsweise bei Buche und Eiche, die im deutschen Wald im Zentrum des Erlebens stehen, gewöhnt. Wir können akzeptieren, dass Genetiker und Molekularbiologen über Bäume eben anders reden als die meisten Spaziergänger. Ähnliches müssen wir beim Thema der Gefühle wohl auch lernen. Und genauso wie der Wald ohne Genetik und Molekularbiologie erlebbar ist, wird es auch selbstverständlich bleiben, dass wir mit unseren Gefühlen im Täglichen weiterhin ohne naturwissenschaftliche Operationalisierung leben. Die einzelne Lebenssituation mit ihren Besonderheiten und mit ihren Subtilitäten wird auch weiterhin in der Sprache der kulturell konstituierten Innerlichkeit gedeutet werden.

Ein solches Eingeständnis findet sich auch im bereits zitierten Buch zum Grundwissen der Neurobiologie: »Wenn wir Hunger haben, fressen wir nicht, sondern wir essen in bestimmten Formen. Eigentlich wäre das völlig überflüssig, denn wir brauchen nur Kalorien. Das ganze Drumherum ist jedoch das, was wir Kultur nennen. […] Dadurch unterscheiden wir uns vom Tier.«[21] Zwar möchte

21 Ebd., S. 154. Siehe zur Kultur vertiefend Kap. 5.

man nun als Philosoph darauf bestehen, dass dieser kulturelle Unterschied sich selbst wieder neurobiologisch manifestieren dürfte. Doch hier möge das Eingeständnis einer bleibenden Wichtigkeit der Kultur aus neurobiologischem Munde genügen. Umgekehrt fällt es vielleicht nun leichter, die Bedeutung der Neurobiologie in einer eingeschränkten Form zu akzeptieren: Grundprinzipien des Funktionierens – um mit Bedacht einen technischen Ausdruck zu wählen – lassen sich in einer Neurobiologie der Gefühle lernen. Im jetzt schon mehrfach zitierten Buch von Röthlein zum Grundwissen der Neurobiologie wird zum Beispiel betont, »Gefühle sind langsam«. Anders als die für äußere Sinnesreize zuständigen Neurotransmitter – die chemischen Botenstoffe im Gehirn – sind die für die inneren Gefühle zuständigen Botenstoffe nicht so schnell: »Gefühle jedoch sind keine Phänomene, die in Hundertstelsekunden an- oder abgeschaltet werden. [...] Psychische Prozesse sind ganz typische Beispiele für langsame Prozesse.«[22] Dies wirft ein klärendes Bild beispielsweise auf Stimmungen, die sich – sei es einsam in der Abenddämmerung oder mit Freunden beim opulenten Mahl – erst langsam entwickeln und sich über andere Stimmungen lagern. Auch nach einem Streit mag der Anlass des Streites kognitiv im Gespräch schon lange geklärt sein – die Leidenschaften des Streites wirken jedoch nach und drohen ihn in anderen Feldern sogleich wieder aufflammen zu lassen.

Fazit: Die Neurobiologie ist wichtig auch zum prinzipiellen Verständnis von Gefühlen, aber es ist illusionär zu glauben, dass sie eine direkte Deutung meiner eigenen Gefühle erleichtert. Neurobiologische Forschungsergebnisse legen sich nicht selbst aus, sondern wir deuten sie. In einem gewissen Sinne sind neurobiologische Ergebnisse Konstruktionen der Realität. Wir können von Geschichten der Determination sprechen: Neben der neurobiologi-

22 Ebd., S. 147. Der letzte Satz dortselbst als Zitat.

schen Geschichte lassen sich auch andere Determinationsgeschichten der menschlichen Gefühle erzählen. Nach 1968 dominierten die Geschichten der gesellschaftlichen Determination und in den zwanziger Jahren des 20. Jahrhunderts – im Programm der Einheitswissenschaft – gar die Geschichte der mikrophysikalischen Determination. Diese Vielfalt der Determinationsgeschichten mag verdeutlichen, dass wir es sind, die diese Geschichten erzählen. Die Wirklichkeit selbst schweigt. Wir bringen sie zur Sprache. Deshalb können alle naturwissenschaftlichen Richtigkeiten über die Biologie der Gefühle nichts daran ändern, dass wir im Medium der Naturwissenschaften über uns reden. Diese Selbstanwendungsfigur wiederum lässt uns das Feld natürlicher Determinationen nicht verlassen, aber sie verdeutlicht eine kulturelle Dimension auch der Naturwissenschaft. Die Naturwissenschaft, die den Menschen zum Objekt der Untersuchung macht, steht selbst in der Geschichte des Menschen und liefert nur eine der Möglichkeiten der Welterschließung. Oder um es im Jargon Martin Heideggers zu sagen: Die Naturwissenschaft stellt ebenso wie die Technik nur eine der Weisen der Entbergung dar und die Welt ist immer schon erschlossen.

5. Zur kulturellen Konstitution der Gefühle

Wahre Empfindung geht über wahres Bewusstsein.

Frei nach Peter Handke

Ich fühle mich! Ich bin![1]

Johann Gottfried Herder

Gefühle zu haben, gehört zur biologischen Grundausstattung des Menschen; gleichwohl bedeutet es eine Kulturleistung, Gefühle differenziert auszubilden und Worte für sie zu finden. Die Kulturleistung besteht nicht darin, die Natürlichkeit der Gefühle zu verlassen; vielmehr ist in der Natur des Menschen eine Offenheit für die kulturelle Ausgestaltung angelegt; Neurobiologen sprechen in diesem Zusammenhang von der Plastizität des Gehirns. Diese Prägbarkeit des Gehirns auch nach der Geburt eröffnet die Möglichkeiten zur kulturellen Ausgestaltung natürlicher Eigenschaften des Menschen. Nicht in allen Kulturen und nicht zu allen Zeiten werden Gefühle in gleicher Weise gedeutet; die kulturelle Verschiedenheit ist dabei mehr als nur ein Unterschied in der Etikettierung von ansonsten gleichbleibenden Gefühlen; denn sie selbst verändern sich kulturell. Die Bedeutung des Kulturellen zu betonen, markiert kein Wunder, wie der Mensch die Natur verlässt. Der Sache nach lassen sich Natur und Kultur ganz gut zusammen denken, wie beispielsweise Eva Illouz mit Blick auf eine der Untergruppen der Gefühle erläutert: »›Emotionen‹ sind das komplexe Zusammenspiel von physiologischer Erregung, Wahrnehmungsmechanismen und Interpretationsprozessen; sie liegen damit an der Schwelle, wo das Nicht-Kulturelle in der Kultur verschlüsselt ist, wo

1 Herder, *Zum Sinn des Gefühls*, S. 236; im Original kursiv.

Körper, Kognition und Kultur konvergieren und verschmelzen.«[2] Probleme bei der Deutung dieses komplexen Zusammenspiels wirft der begriffliche Dualismus von Natur und Kultur auf, der nahelegt: Wo Kultur ist, kann keine Natur sein. Das sachliche Gegenteil hiervon ist jedoch richtig: Wo Kultur ist, haben wir es auch mit Natur zu tun. Kultur ist *eine* Erscheinungsform der Natur. Diese Einsicht, die eine naturwissenschaftliche Betrachtung auch des Kulturellen ermöglicht, ist aber selbst wiederum eine kulturelle Errungenschaft. Das Verhältnis von Natur und Kultur zu klären, erfordert die Unterscheidung verschiedener Aspekte: Während jede begriffliche Erschließung der Welt immer schon eine kulturelle ist, muss der Sache nach die Kultur als Teil der Natur verstanden werden.

Solche Formulierungen muten nur dann unerträglich paradox an, wenn man einem begrifflichen Konservatismus folgt, der Veränderungen der Begriffe nicht zulässt. Wenn ein überkommener begrifflicher Rahmen eher Probleme schafft als löst, darf die alte Begrifflichkeit nicht sakrosankt sein. Dies scheint heute bei vielen Dualismen wie Kultur – Natur, Geist – Körper, Willensfreiheit – Determinismus, vor allem Gefühl und Verstand, aber auch bei Theorie und Praxis der Fall zu sein. Das dualistische Begriffserbe – im historischen Einführungskontext beispielsweise bei Descartes vielleicht überzeugend – verstellt Wirklichkeit mehr, als es sie erschließt. Daher sollte die Reaktion nicht lauten: Umso schlimmer für die Wirklichkeit! Vielmehr ist es eine Aufgabe, mit der alten Begrifflichkeit und mit den alten Kategorien – denn nur diese haben wir – ihre eigene Überwindung zu versuchen.

Gefühle sind kulturell konstituiert. Was heißt das? Immanuel Kant hatte in der *Kritik der reinen Vernunft* den Kategorien eine konstituierende Bedeutung für die menschliche Erkenntnis zugesprochen. Schon Kant be-

2 Illouz, *Der Konsum der Romantik*, S. 3.

schäftigt die Frage, wie sich die konstituierten Erscheinungen und das dahinter stehende Ding an sich zueinander verhalten (auch wenn diese räumliche Metapher bereits Kant unangemessen vorkam). Kant gelingt es nicht, die durch Kategorien konstituierten Erscheinungen in ein begrifflich überzeugendes Verhältnis zum Ding an sich zu bringen. Ein ähnliches Problem stellt sich auch im Verhältnis von Kultur und Natur: Die kulturelle Konstitution der Gefühle lässt sich in einem bestimmten Sinne als Konstitution der Erkenntnis der Gefühle begreifen; die Wichtigkeit von Natur und Kultur liegt so auf unterschiedlichen Ebenen. Der Zugang zu Gefühlen und die jeweilige Erschließung des Involviertseins erfordern eine kulturelle Leistung; das bloße Vorhandensein von Gefühlen ist schon in der Natur gegeben. Allerdings greifen die Erkenntnis der Gefühle und ihre kulturelle Deutung in das Vorhandensein von Gefühlen ein (ohne ihre Natürlichkeit hinter sich zu lassen). Was für jede Erkenntnis zutrifft, nämlich das zu Erkennende durch die begrifflichen Mittel zu beeinflussen, gilt auch für die Innenwelt und für die Gefühle. Mit ihrer begrifflichen Konstitution ist der Zugang zur Natur der Gefühle selbst kulturell veränderbar. Oder in Anlehnung an die Stoff-und-Form-Begrifflichkeit des Aristoteles formuliert: Die Natur der Gefühle liefert den Stoff für die kulturelle Formung, nur dass der Vorgang des Formens selbst eine natürliche Grundlage hat. Die Gefühle einer eigenen Welt der Innerlichkeit zuzuordnen, gehört zur kulturellen Formung; es lassen sich auch Gefühle denken, die nicht einem eigenen inneren Erlebnisraum zugeschrieben werden.

Bei Kant wird die Konstitution der Erkenntnis als ungeschichtlich und für alle Menschen gleich gedacht. Demgegenüber zeichne ich jetzt Stationen einer Geschichte der kulturellen Konstitution der Gefühle nach. Wenn es eine Geschichte der Gefühle gibt, wird indirekt plausibel, weshalb wir es bei den Gefühlen nicht nur mit ihrer ungeschichtlichen Natur zu tun haben. Auch wenn in sehr langen Zeiträumen gedacht die Natur ebenfalls eine kosmische und evolutionäre Entwicklung kennt, steht die innere Natur in der relativ kurzen Zeitspanne des menschlichen Daseins für den gleichbleibenden Teil. Hieraus folgt nicht, dass kulturelle Eigenschaften ihrerseits niemals neurobiologisch erfasst werden können; denn die Naturwissenschaften sind nicht eingeschränkt auf Genetisches, sondern sie können auch kulturell erworbene Eigenschaften untersuchen. Ihre kulturelle Konstitution wird dadurch nicht hinfällig, zumal die naturwissenschaftliche Perspektive selbst kulturell erworben ist. Um Natur und Kultur der Gefühle gleichermaßen in ihrer jeweiligen Teilberechtigung zu würdigen, geht es jetzt auf der Seite der Kultur um die Geschichte der Innerlichkeit.

Der Altphilologe Bruno Snell hat bereits im Jahre 1946 von einer Entdeckung des Geistes bei den Griechen gesprochen und Homers Sicht des Geistes und der Gefühle zum Ausgangspunkt genommen.[3] So lässt sich geradezu ein Spannungsbogen denken vom Odysseus des Homer ins Jahr 1914 zum *Ulysses* des James Joyce. Während Homers Odysseus Gefühle nur als äußerliche Schicksalsmächte kennt, die über ihn ohne sein Zutun hereinbrechen, stellt Joyce zu Beginn des 20. Jahrhunderts die Innerlichkeit in den Mittelpunkt. Die Innerlichkeit eines Menschen ist so reich und differenziert, dass er für deren Darstellung an einem einzigen Tag 1000 Seiten braucht. Was zwischen Odysseus und Ulysses liegt, nenne ich die kulturelle Konstitution der Gefühle, die von der schicksalhaften Äußerlichkeit zur Ausgestaltung eines inneren Erlebnisraumes führt. Selbstverständlich hat auch der homerische Mensch Gefühle, aber seine Deutung ist grundverschieden von einem innerlichkeitsorientierten Verständnis, so dass es schwerfällt, noch von den gleichen Gefühlen zu sprechen.

3 Snell, *Die Entdeckung des Geistes.*

Bruno Snell betont in seinem in der Altphilologie bis heute umstrittenen Buch, »wie grundverschieden von dem uns Gewohnten bei Homer alles ist«:

> […] die Griechen haben nicht nur mit Hilfe eines schon vorweg gegebenen Denkens nur neue Gegenstände (etwa Wissenschaft und Philosophie) gewonnen und alte Methoden (etwa ein logisches Verfahren) erweitert, sondern haben, was wir Denken nennen, erst geschaffen: der menschliche Geist als tätiger, suchender, forschender Geist ist von ihnen entdeckt; eine neue Selbstauffassung des Menschen liegt dem zugrunde. […] Das Entdecken des Geistes ist ein anderes, als wenn wir sagen, Kolumbus habe Amerika ›entdeckt‹: Amerika existierte auch vor der Entdeckung, der europäische Geist aber ist erst geworden, indem er entdeckt wurde; er existiert im Bewusstsein des Menschen von sich selbst.[4]

Snell redet hier nicht spezifisch von den Gefühlen, sondern ganz allgemein vom menschlichen Geist und der menschlichen Seele. Seele und Geist fallen weder vom Himmel, noch sind sie einfach vorhanden. In einem gewissen Sinne entsteht der Geist durch seine Entdeckung. Allerdings interpretiert der homerische Mensch Seele und Geist nach Analogie von Organen und schreibt sie gerade nicht seiner eigenen Innerlichkeit zu:

> Wollte ich genau sprechen, müsste ich sagen: das, was wir als Seele interpretieren, interpretiert der homerische Mensch so, dass drei Wesenheiten dort sind, die er nach Analogie von körperlichen Organen deutet. Die Umschreibungen für Psyche, Nóos und Thymos als ›Organe‹ des Lebens, des Vorstellens und der geistigen Regung sind also Abbreviaturen, Ungenauigkeiten, Unzu-

4 Ebd., S. 7.

länglichkeiten, die sich daraus ergeben, dass die Vorstellung von ›Seele‹ (aber auch von ›Körper‹ […]) nur in der Interpretation durch die Sprache gegeben ist: verschiedene Sprachen können in der Interpretation weit voneinander abweichen.[5]

Der homerische Mensch schreibt seine Gefühle keiner Innerlichkeit zu, sondern erlebt sie als schicksalhaft von außen kommend: »Stets laufen zwei Handlungen nebeneinander: die eine auf der oberen Bühne unter den Göttern, die andere hier auf Erden, und zwar wird alles, was hier unten geschieht, bestimmt durch das, was die Götter untereinander verhandeln«.[6] Homer geht von keinem einheitlichen Ich aus, das die inneren Eigenschaften hierarchisiert. Hermann Schmitz hat den treffenden Ausdruck der »halbautonomen Regungsherde« benutzt, um Homers Sicht eines vielgestaltigen Ichs zu charakterisieren und gleichzeitig gegen überzogene moderne Einheitsvorstellungen abzugrenzen.[7] Vom Seelen- und Geistesleben als Organen des Menschen bei Homer zeichnet Snell einen weiten Weg nach, der in Griechenland über mehrere Etappen etwas profiliert, was wir uns angewöhnt haben, »europäischen Geist« zu nennen. Zu diesem europäischen Geist gehört auch die Interpretation des Seelenlebens in der Metapher der Innerlichkeit. Wenn Homer das Seelenleben in Analogie zu Organen deutet, liefert er den Ausgangspunkt, von dem sich die Innerlichkeit abwendet. Dies geschieht in einem Prozess, der als »langsame Formierung

5 Ebd., S. 25.
6 Ebd., S. 35.
7 Podiumsdiskussion »Das Menschenbild Homers« am 10. Dezember 2003 an der Universität Rostock. Gegen seinen Kontrahenten, Arbogast Schmitt, arbeitete Hermann Schmitz in dieser Diskussion überzeugend heraus, dass Homers Menschen nicht nur die moderne Orientierung am Bewusstsein und an einem einheitlichen Ich in Frage stellen, sondern der Vielfalt des Innenlebens bis heute empirisch besser entsprechen als eine einseitige Verstandesorientierung.

einer Selbsthermeneutik in der Antike«[8] beginnt und der sich über Stationen der christlichen Tradition zu Beginn der Neuzeit beschleunigt. Am Ende dieses Prozesses steht eine Innerlichkeit, zu der die Entwicklung von Individualität ebenso dazugehört wie ein Gespür von Privatheit inklusive der Fähigkeit, zunächst einmal ganz für sich den eigenen Gefühlen nachzuspüren, ohne gleich an ihre Bekundung denken zu müssen.[9] Auch beim Gewissen haben wir es mit einem Bestandteil der Tradition der Innerlichkeit zu tun, in der wir uns mit uns selbst konfrontieren, und zwar nicht vor aller Augen, sondern still für uns selbst.[10] Was einige Autoren Selbstbewusstsein nennen, gehört ebenfalls als kulturelle Errungenschaft in die Tradition der Innerlichkeit.[11]

Im Rahmen der christlichen Tradition spielt die Analyse der Bekehrung eine wichtige Rolle für die Ausbildung einer Innerlichkeit. Wer sich vom Saulus zum Paulus entwickelt hat, neigt zur Neubeschreibung seiner eigenen Biographie und einer Einteilung in das Vorher und Nachher. Um diese Stilisierung leisten und die eigene Biographie neu sortieren zu können, ist eine Selbstkonfrontation und ein Gang in die Innerlichkeit erforderlich. Der Klassiker dieser Literaturgattung stammt von Augustinus; seine *Confessiones* werden im Deutschen üblicherweise als *Bekenntnisse* publiziert.[12] Augustinus – typisch für Bekehrte – dramatisiert seine eigene Verderbtheit vor der Bekehrung, betont das helle Licht des Danach und stellt selbst ausdrücklich fest: »Überall ist umso größer die Freude, je größere Beschwerde vorauf ging.«[13] Nach der gehörigen Ausgestaltung einer Bekehrungsszene wendet sich Augus-

8 Foucault, *Der Gebrauch der Lüste*, S. 13.
9 Vgl. Taylor, *Quellen des Selbst.*
10 Vgl. Kittsteiner, *Die Entstehung des modernen Gewissens.*
11 Vgl. Krüger, *Die Herkunft des philosophischen Selbstbewusstseins.*
12 Augustinus, *Bekenntnisse*. Vgl. Horn, *Augustinus.*
13 Augustinus, *Bekenntnisse*, S. 208.

tinus der Innenschau zu, um zu verdeutlichen, was ihn jetzt nach der Bekehrung ausmacht. Der bekehrte Augustinus formuliert ein Programm der Innerlichkeit: »Geh nicht nach draußen, kehr wieder ein bei dir selbst! Im inneren Menschen wohnt die Wahrheit.«[14]

An genau dieses Programm knüpft 1335 Petrarca bei seiner Besteigung des Mont Ventoux an:[15] Diese Bergbesteigung im Süden Frankreichs liefert nicht nur ein frühes Zeugnis, inwiefern die Landschaft als Produkt des Geistes anzusehen ist, sondern ist auch das Dokument eines Lobes der Innerlichkeit. Als Petrarca angesichts der grandiosen Aussicht auf dem Mount Ventoux in seinem Augustinus liest, versteigt er sich zu einem Lob der seelischen Innerlichkeit: Was ist die ablenkende Schönheit der bloß irdischen Außenwelt wert im Vergleich zur Größe der Seele, fragt Petrarca, zornig auf sich selbst, weil er so lange zu dieser Einsicht gebraucht hat.[16]

Die Tradition des Protestantismus stärkt die Bedeutung des Gewissens und vertieft die Erfahrung der Innerlichkeit; im Pietismus entwickelt sich geradezu eine Gefühlsschwärmerei. Demgegenüber kommt Descartes' berühmtes »Ich denke, also bin ich« mehr als Begriff daher und sollte nicht vorschnell als Vertiefung der persönlichen Innerlichkeit verstanden werden.[17] Besonders interessant für die Kulturgeschichte der Innerlichkeit sind die Gefühlsphilosophen des 18. Jahrhunderts mit ihrem großen Echo bei den Zeitgenossen und in der Literatur des Sturm und Drang. In diese Gruppe der Gefühlsphilosophen gehören

14 Augustinus, *De vera religione / Über die wahre Religion*, S. 123.

15 Petrarca, *Die Besteigung des Mont Ventoux.*

16 Ebd., S. 25.

17 Ein Problem, das philosophieimmanent nicht angemessen lösbar ist, besteht in folgendem Unterschied: Um Innerlichkeit in ihrer kulturellen Bedeutung herauszuarbeiten, reicht es nicht aus darzulegen, dass einzelne Philosophen die Innerlichkeit als Begriff einführen oder thematisieren, sondern sie müssen damit zugleich eine soziale Praxis ausdrücken, die geschichtlich zur Wirkung gekommen ist.

der Graf von Shaftesbury, Francis Hutcheson[18], Adam Smith[19] und in Deutschland Johann Georg Hamann und Friedrich Heinrich Jacobi.[20] Diese Philosophen haben besonders in der deutschen Tradition keine gute Presse, weil sie von Kant und Hegel aus gelesen eben noch nicht in der Lage sind, die Wahrheit auf den verständigen Begriff zu bringen. Für die Gefühlsphilosophen scheinen sich deshalb vor allem die Literaturwissenschaftler und für Adam Smith besonders die Ökonomen zu interessieren. Auch kann nicht verhehlt werden, dass manches Lob des Gefühls bei Hamann und Jacobi ausdrücklich dem Programm der Gegenaufklärung zuarbeitet. Das Gefühl verkommt dann zu einer vermeintlichen Bastion, das dem Licht der Aufklärung mit ihrer einseitigen Verstandesorientierung widerstehen kann. Gleichwohl lohnt es sich, auf die Gefühlsphilosophen einen neuen Blick zu werfen, weil es so gelingen könnte, manche Einseitigkeiten des Programms der Aufklärung im 18. Jahrhundert zu vermeiden. Dies mag auch noch für die heutige Debatte um Vernunft, Verstand und Gefühl von Bedeutung sein: Gerade weil es ein einseitiges Programm der Aufklärung mit einer Fixierung auf Verstandesleistungen gibt, wird manche Aufwertung der Gefühle innerhalb und außerhalb der Neurobiologie allzu allergisch aufgenommen. Eine umfassender verstandene Aufklärung, die die Gefühlsphilosophen nicht von vornherein ausschließt, hat bessere Chancen, das Hauptanliegen der Aufklärung – vereinfacht ausgedrückt: die Welt ein bisschen vernünftiger zu machen – überhaupt anzupacken. Außerdem schadet der Aufklärer, der den Verstand überbetont, sich selbst ebenso wie den vermeintlich

18 Siehe Hutcheson, *Eine Untersuchung über den Ursprung unserer Ideen von Schönheit und Tugend.*

19 Siehe besonders Smith, *Theorie der ethischen Gefühle.*

20 Vgl. Meier-Seethaler, *Gefühl und Urteilskraft*, S. 34 ff., die historische Meilensteine einer Gefühlsphilosophie nachzeichnet und ihre Darstellung bereits im 17. Jahrhundert mit Blaise Pascals »Logik des Herzens« beginnt.

Aufzuklärenden. Die Gefühlsphilosophie des 18. Jahrhunderts kann deshalb auch als eine Einseitigkeit verstanden werden, die auf eine andere überzogen reagiert.

Isaiah Berlin hat in einem furianten Buch Johann Georg Hamann als »Pionier des Antirationalismus« charakterisiert.[21] Nun soll es bei Berlin nicht darum gehen, den dunklen Hamann an die Stelle der großen Aufklärungsphilosophen zu setzen. Doch es ist nicht alles falsch, was Hamann vor Augen hatte. Für ihn basiert alle Vernunft letztlich auf dem Glauben; Glaube ist jedoch stets der gefühlte Glaube. Deshalb lässt sich ein Gedanke Hamanns einfach abwandeln: »Die Vernunft baut auf den Gefühlen auf, sie kann nicht an deren Stelle treten.«[22] Hamann immunisiert den Glauben gegenüber der Vernunft: »Der Glaube ist kein Werk der Vernunft und kann daher auch keinem Angriff derselben unterliegen, weil *Glauben* so wenig durch Gründe geschieht als *Schmecken* und *Sehen.*«[23] Klarer als Hamann dies selbst je getan hat, spricht Berlin über dessen Anliegen: »Hätten die obsiegenden rationalistischen Schulen [...] nicht mit allzu großer Verachtung auf die Wahrheiten herabgesehen, die Hamann, wie wunderlich auch immer, ausgesprochen hatte, so hätte die von ihm initiierte Bewegung nicht die furchtbaren Folgen für Denken und Handeln gehabt, die sie vor allem in unserem schrecklichen Jahrhundert haben sollte.«[24]

Die Rezeption von Hamanns Ideen im deutschen Sturm und Drang ist erstaunlich breit: »Die Romantik, der Antirationalismus und der Argwohn gegen alle Theorien und intellektuellen Konstruktionen als bestenfalls nützliche Fiktionen, als schlechtestenfalls verzerrende Medien – als

21 Berlin, *Der Magus im Norden*, S. 26.

22 Bei Berlin, S. 62, heißt es wörtlich: »Die Vernunft baut auf dem Glauben auf, sie kann nicht an seine Stelle treten.« Für Berlin ist klar: »Im Grunde ist dies moderner Existentialismus im Embryonalzustand.«

23 Hamann, *Sokratische Denkwürdigkeiten*, S. 51.

24 Berlin, S. 165.

Möglichkeiten, nicht der Wirklichkeit selbst ins Auge sehen zu müssen – haben ihren Anfang im Grunde in Hamann.«[25] Überhaupt ist der deutsche Sturm und Drang – in manchem eine Vorgängerepoche zur Romantik – eine Epoche des intensiven Fühlens. So können *Die Leiden des jungen Werthers* von Johann Wolfgang Goethe als Dokument der Innerlichkeit verstanden werden. Im Brief vom 22. Mai schreibt Werther: »Ich kehre in mich selbst zurück und finde eine Welt!« Er ergänzt am 12. August: »Ach ihr vernünftigen Leute! Rief ich lächelnd aus. Leidenschaft! Trunkenheit! Wahnsinn! Ihr steht so gelassen, so ohne Teilnehmung da, ihr sittlichen Menschen!«[26] Bei aller Leidenschaftlichkeit wird es weder dem Sturm und Drang noch der Romantik gerecht, wenn sie vor allem als Gegenbewegungen zur Aufklärung gedeutet werden. Je mehr sich diese Stilisierung durchsetzt, desto einseitiger wird das Verständnis der selbst durchaus vielfältigen Aufklärung. Und es gibt keinen prinzipiellen Grund, die Gefühle aus diesem Projekt auszuschließen. Im Gegenteil: Es ist ein Teil der Selbstaufklärung, die Gefühle einzubeziehen. Ein Intellektualismus, der dies leugnet, ist nicht vernünftig.[27]

Michel Foucault profiliert in verschiedenen Studien die These einer kulturellen Konstitution, indem er ihre jeweilige historische Gewordenheit analysiert, und zeichnet speziell in *Wahnsinn und Gesellschaft* die kulturelle Konstitution des Wahnsinns nach. Damit greift er ein Phänomen auf, das sowohl in den Umkreis der Gefühle gehört als auch mit den Schlüsseldaten 1656 (Gründung des Hôpital général in Paris) und 1794 (Abnahme der Ketten in Bicêtre) zeitlich den Rahmen der Gefühlsphilosophen des 17. und 18. Jahrhunderts markiert. In seinem Werk

25 Ebd., S. 47.
26 Goethe, *Die Leiden des jungen Werthers*, S. 12 und 53.
27 Vgl. Kondylis, *Die Aufklärung im Rahmen des neuzeitlichen Rationalismus*, wo u. a. S. 40 der aufklärerische Rationalismus deutlich von einem wenig überzeugenden Intellektualismus abgegrenzt wird.

will Foucault die »Geschichte der Grenzen schreiben [...], mit denen eine Kultur etwas zurückweist, was für sie *außerhalb* liegt«; er geht dabei von der »Tatsache« aus, »dass es in unserer Kultur keine Vernunft ohne Wahnsinn geben kann«.[28] In *Die Ordnung der Dinge* versucht Foucault eine allgemeine Deutung von Klassifikationssystemen, indem er den Begriff des Historischen Apriori und der Episteme zunächst an einem Text von Borges einführt:

> Dieser Text zitiert ›eine gewisse chinesische Enzyklopädie‹, in der es heißt, dass die Tiere sich wie folgt gruppieren: a) Tiere, die dem Kaiser gehören, b) einbalsamierte Tiere, c) gezähmte, d) Milchschweine, e) Sirenen, f) Fabeltiere, g) herrenlose Hunde, h) in diese Gruppierung gehörige, i) die sich wie Tolle gebärden, k) die mit einem ganz feinen Pinsel aus Kamelhaar gezeichnet sind, l) und so weiter, m) die den Wasserkrug zerbrochen haben, n) die von weitem wie Fliegen aussehen.[29]

Der von Foucault zitierte Borges-Text verdeutlicht, wie sehr Taxonomien als Einteilungen der Wirklichkeit diese erschließen. Für Foucault sind solche Perspektiven auf die Wirklichkeit historisch entstanden; einen Großteil seiner Arbeit verwendet er auf die Nachzeichnung solcher Gewordenheiten. Dies verbindet Foucault immer auch mit der Hoffnung, dass ein Aufzeigen des Werdens die Fraglosigkeit des Gegenwärtigen auflöst. Anders als das kantische Apriori, das zu allen Zeiten bei allen Menschen als gleich gedacht wird, betont Foucault, dass ein Apriori für den einzelnen Menschen vorliegt, aber keineswegs eine historisch-kulturelle Universalität. Die kulturelle Konstitution der Gefühle lässt sich in den Denkrahmen Foucaults zwanglos einfügen, indem die Sortierung von Ge-

28 Foucault, *Wahnsinn und Gesellschaft*, S. 9 und 12.
29 Foucault, *Die Ordnung der Dinge*, S. 17.

fühlen, wie sie beispielsweise in meinem ersten Kapitel zu finden ist, als kulturelles Klassifikationssystem verstanden wird und indem die Überlegungen zum Wahnsinn auf Gefühle überhaupt ausgedehnt werden: Gefühl und Verstand bilden ein Paar, das in seiner Grenzziehung aufeinander verwiesen ist. So wie Foucault die vernünftige Urteilskraft in seinen Arbeiten zur Untersuchung der kulturellen Konstitution zur Geltung bringt und damit die Grenzen in der überindividuellen Kultur verflüssigen will, kann Urteilskraft überhaupt Gefühl und Verstand auch im individuellen Leben ausbalancieren (selbst wenn die große Verflüssigung im Sinne Foucaults nicht gelingt).

Niklas Luhmann geht in seiner Systemtheorie noch einen Schritt weiter als die von Foucault vorgetragene und von mir geteilte Konstitutionsthese, wenn er Liebe als eine Form der Kommunikation deutet: »In diesem Sinne ist das Medium Liebe selbst kein Gefühl, sondern ein Kommunikationscode, nach dessen Regeln man Gefühle ausdrücken, bilden, simulieren, anderen unterstellen, leugnen und sich mit all dem auf die Konsequenzen einstellen kann, die es hat, wenn entsprechende Kommunikation realisiert wird.«[30] Die Überlegungen Luhmanns – beispielsweise seine »Evolution der Liebessemantik« – arbeiten die kulturelle Gewordenheit der Liebe heraus. Luhmann setzt sich jedoch dem Verdacht aus, dass es jenseits der Kommunikationscodes keinen naturalen Kern der Gefühle gibt. Liebe ist damit bei ihm eine *creatio ex nihilo* – ein Schöpfungsakt durch systemische Kommunikation. Zwar macht es soziologisch Sinn, darauf zu bestehen, dass es auch »bei Intimverhältnissen um soziale Systeme«[31] geht; doch andere Deutungen werden dadurch nicht überflüssig, insbesondere nicht die romantische Innenperspektive der Liebenden selbst. Luhmann scheint es auf der letzten Seite

30 Luhmann, *Liebe als Passion*, S. 23.
31 Ebd., S. 217.

seines Buches zuzugestehen: »Radikaler als je zuvor wird man konzedieren müssen, dass Liebe alle Eigenschaften auflöst, die für sie Grund und Motiv sein könnten. Jeder Versuch, den anderen zu ›durchschauen‹, führt ins Bodenlose, in jene Einheit von wahr und falsch, von aufrichtig und unaufrichtig, die sich allen Kriterien entzieht. Deshalb kann nicht alles gesagt werden.«[32] Die soziologische Systemtheorie ebenso wie die kulturelle Konstitutionsthese (ganz zu schweigen von biologischen Erklärungen, für die das in noch stärkerem Maße gilt) operieren im Rücken der Liebenden, sie versuchen zu verstehen, gar zu erklären, wie es zur Liebe kommt. Doch der oder die Liebende selbst befindet sich schon auf dem Weg zum Ende der Liebe, wenn diese Perspektive im Rücken der oder des Geliebten eingenommen wird und so die Besonderheit ins Allgemeine aufgelöst wird.

Die Konstitution der Gefühle führte zu der kulturellen ›Entdeckung‹ der Innerlichkeit, deren Bewertung unterschiedlich ausfallen kann. Während Hermann Schmitz die Ich-Zentrierung der Innerlichkeit kritisiert und Michel Foucault immer den Kontext der Macht (in diesem Fall als Selbstdisziplinierung) betont, scheint es mir vor allem eine positiv zu bewertende Bereicherung des Menschen zu sein, sich in der Form der Innerlichkeit mit sich selbst beschäftigen zu können. Die Ausbildung einer Innerlichkeit schafft eine eigene Welt und unterstützt so die Autonomie des Menschen. Wer sich nur als Spielball des Schicksals oder der Macht begreift, ist in einem viel höheren Maße von der Außenwelt abhängig als ein Wesen, das nach innerlicher Stellungnahme handelt. Im Erwägen von Möglichkeiten werden Automatismen und Konventionen außer Kraft gesetzt und auf ihre Berechtigung überprüfbar, so lautet jedenfalls die Hoffnung der wohlwollenden Deutung der Innerlichkeit.

32 Ebd., S. 223.

6. Sind Gefühle ›Konstruktionen‹ oder authentisch vorhanden in einer privaten Innerlichkeit?

> Liebe [...] ist das Gefühl, das das größte Maß an Vorstellungskraft erfordert. [...] Sie ist ein Gefühl, das *zusätzlich* zu dem, was die Wirklichkeit [...] verschafft, immer ein Quantum an Fiktion benötigt.[1]
>
> Javier Marías

Was will ich eigentlich wirklich? Was sind meine wahren Gefühle? Weshalb tue ich etwas Bestimmtes? Dies sind Fragen, die viele Menschen umtreibt. In einer Lebenskrise, in einer Therapie oder auch ohne besonderen Anlass kommt nicht selten die Befürchtung auf: Handle und fühle ich nur so, weil es mir meine Eltern und Freunde gesagt oder es immer erwartet haben? Solche Fragen lösen die Suche nach den eigentlichen Lebenszielen aus mit der Maxime: Handle nur so, wie du es aus dem Innern heraus wirklich fühlst! Hinter dieser Aufforderung steht die Vorstellung des Authentischen: Die eigenen Wünsche werden als etwas begriffen, das wie in einem Bergwerk in der Tiefe verborgen ist und als eigentlich und wirklich entdeckt werden kann. Es wird unterstellt, dass es eine wahre Deutung der eigenen Wünsche und des eigenen Selbst gibt, die man durch intensive Schau in die innere Privatheit herausfinden kann.[2]

Die Gedankenwelt des Authentischen ist eng mit der Metapher der Innerlichkeit verbunden: Wenn Gefühle im Inneren zu finden sind, liegt es nahe zu unterstellen, dass sie authentisch und privat nur mir selbst zugänglich sind.

1 Marías, *Der Gefühlsmensch*, S. 186.

2 Die hier thematisierte Privatheit ist als Begriff der theoretischen Philosophie zu verstehen, der nichts mit der sozialphilosophischen Entgegensetzung von privat und öffentlich zu tun hat.

Doch diese Vorstellung von den eigenen Wünschen und Gefühlen scheint mir falsch zu sein. Mit der kulturellen Erfindung der Innerlichkeit, die eine wichtige Bereicherung unserer selbst darstellt, gehen diese Vorstellungen allerdings oft einher. Insofern ist es wichtig, bestimmte Assoziationen der Innerlichkeit – insbesondere ihre private Quasi-Räumlichkeit und die hiermit gekoppelte Vorstellung des Authentischen – abzuweisen, ohne die kulturelle Errungenschaft der Gefühle und ihrer Innerlichkeit preiszugeben.

Nach der Art und Weise, wie in der von Descartes ausgehenden Tradition über Gefühle nachgedacht wird, haben wir es bei Gefühlen mit inneren Gegenständen zu tun, die quasi schicksalhaft und von uns unbeeinflusst in unserem Inneren ihr Wesen oder allzu oft auch ihr Unwesen treiben.[3] Gefühle sind jedoch nichts vor aller Interpretation Vorhandenes, als wenn sie bloß Ereignisse in unserem Innern wären, mit denen wir gar nichts zu tun haben. Es gehört zu den Irrtümern der cartesianischen Tradition, dass wir uns vollkommen transparent sind. Gefühle gelten in dieser Tradition als selbst-verifizierend, das heißt, Gefühle haben immer Recht, weil sie Fakten unseres Innenlebens sind. Kann nur ich selbst wissen, ob ich die Wahrheit sage, wenn der klassische Satz »Ich liebe dich« über meine Lippen kommt? Bin ich privilegiert, dies zu beurteilen? Oder haben andere (insbesondere meine Angebetete) auch ein Recht, gar ein größeres, zu beurteilen, wie es um meine Innerlichkeit bestellt ist?

In der Philosophie gibt es schon lange Zeit Streit um unsere Fähigkeit, die Außenwelt angemessen wahrzunehmen. »Realismus oder Anti-Realismus?« ist hier die Frage.[4] Wie sich schon aus den vorangegangenen Bemerkungen zur kulturellen Konstitution ergibt, überzeugen mich

3 Siehe Bedford, *Emotions*, und vgl. auch Sellars *Empirismus und die Philosophie des Geistes*.

4 Vgl. *Realismus und Anti-Realismus*, hrsg. vom Forum für Philosophie.

die Anti-Realisten mehr, weil sie die Zugänglichkeit der Wirklichkeit erkenntnistheoretisch reflektieren. Die erkenntniskritische Tradition Immanuel Kants, die in den Begriffen den konstitutiven Zugang zur Realität sieht, wird hier als leitend betrachtet. Kant selbst hat sich angesichts seiner Abwertung des Gefühlsmäßigen nicht sonderlich für die erkenntnistheoretischen Konsequenzen auf die Gefühle interessiert. Deshalb nutze ich andere Traditionen der Philosophie, um eine anti-realistische Lesart der Gefühle zu verfolgen. Dabei handelt es sich neben der besonders außerhalb der Philosophie verbreiteten Auffassung des radikalen Konstruktivismus um die sprachanalytische Philosophie des späten Ludwig Wittgenstein und seiner Nachfolger.

Wenn Wahrheit und Wirklichkeit Konstruktionen sind, wie der radikale Konstruktivismus behauptet, dann bleiben auch Gefühle von dieser erkenntnistheoretischen Einsicht nicht unberührt. Es gibt verschiedene Varianten des Konstruktivismus, die nicht nur unterschiedlich sind, sondern auch immer wieder zu Missverständnissen Anlass geben.[5] Diese beginnen schon mit der technischen Metapher der Konstruktion: Erkenntnis vom Reißbrett? Das kann in der auf Reflexion zielenden Philosophie wohl nicht die angemessene Grundidee sein. Außerdem scheint die Konstruktion die Möglichkeit zu beinhalten, dass ein Individuum oder eine Gruppe etwas willkürlich aufbaut und auch ganz anders konstruieren könnte. Vor dem Hintergrund dieser häufigen Missverständnisse benutze ich den Begriff nur mit Vorsicht und in Anführungsstrichen. Die ›Konstruktion‹ verweist pauschal auf eine nicht-realisti-

5 Vgl. Heinz von Förster und Ernst von Glasersfeld in: Watzlawick (Hrsg.), *Die erfundene Wirklichkeit*, sowie Roth, *Das Gehirn und seine Wirklichkeit*. In der Philosophie ist der Erlanger Konstruktivismus von Paul Lorenzen hervorzuheben, wie er heute insbesondere von Peter Janich in seinem methodischen Kulturalismus vertreten wird. Vgl. Janich, *Was ist Wahrheit?*, und Hartmann/Janich (Hrsg.), *Methodischer Kulturalismus*.

sche Erkenntnistheorie, die eine Zugänglichkeit der Wirklichkeit durch unsere überindividuell gebildeten ›Konstruktionen‹ unterstellt. Paul Watzlawick bringt dies so auf den Punkt:

> Die Wirklichkeit, die wir wahrnehmen und auf die wir reagieren, einschließlich der Probleme und der psychischen Störungen, ist das Ergebnis der Wechselwirkung zwischen dem Beobachtungsstandpunkt, den wir einnehmen, den Mitteln, die wir verwenden, und der Sprache, die wir benutzen, um diese Wirklichkeit mitzuteilen. Es gibt daher keine ›wahre‹ Wirklichkeit, sondern nur so viele Wirklichkeiten, wie es mögliche Wechselwirkungen zwischen Subjekt(en) und Wirklichkeit gibt. [...] *jeder konstruiert die Wirklichkeit, die er dann erfährt.*[6]

Ein wohlverstandener Konstruktivismus impliziert keineswegs willkürliche, individuelle Konstruktionen. Realität ist eine sozial und kulturell geteilte Konstruktion, auf die wir nicht verzichten können und die in ihrer Widerständigkeit konstruktivistisch beibehalten werden kann. Dies gilt auch für Gefühle. Gefühle sind nicht konstruiert in dem Sinne, dass wir sie auch ganz anders schaffen könnten. Das Involviertsein der Gefühle lässt sich nicht einfach wie bei einer Maschine an- und abschalten; es ist aber auch nicht einfach ohne unser Zutun gegeben: Weder sind Gefühle willkürlich konstruiert noch einfach vor aller Interpretation authentisch gegeben.

6 Watzlawick/Nardone (Hrsg.), *Kurzzeittherapie und Wirklichkeit*, S. 11. Siehe auch Watzlawicks Geschichte vom Hammer, in der das alltägliche Miteinander dahingehend gedeutet wird, dass der Nachbar aufgrund unserer vorauslaufenden Phantasien eigentlich keine Chance hat, sich als guter Nachbar zu erweisen. In: Watzlawick, *Anleitung zum Unglücklichsein*; S. 37–46. Vgl. Watzlawick, *Vom Unsinn des Sinns oder Vom Sinn des Unsinns*, S. 25 ff., mit der Wiedergabe einer Studie, die analysiert, warum sich amerikanische Männer und britische Frauen in der Zeit des Zweiten Weltkrieges nur mit beidseitigen Missverständnissen einander nähern.

Zur Präzisierung dieses konstruktivistischen Gesichtspunktes leistet Ludwig Wittgensteins Privatsprachenargument Entscheidendes, indem es den Zusammenhang von Gefühl und Sprache reflektiert. Für die Philosophie der Psychologie findet sich in den Abschnitten 243 bis 315 der *Philosophischen Untersuchungen* das philosophische Gegenstück zu Sigmunds Freuds Kritik einer reinen Bewusstseinsorientierung. Wie Freud nämlich die einseitige Bewusstseinsorientierung der neuzeitlichen Philosophie in Hinblick auf das systematisch Unbewusste kritisiert, kommt die Kritik Wittgensteins von der Seite einer Kritik der traditionellen Sprachauffassung. Die Bewusstseinsphilosophie muss ein Verständnis von Sprache unterstellen, das die wesentlich soziale Funktion der Sprache vernachlässigt. Anders Wittgenstein: »Es kann nicht ein einziges Mal nur ein Mensch einer Regel gefolgt sein. [...] Einer Regel kann man nicht privat folgen. [...] Einer Regel folgen, das ist analog dem: einen Befehl befolgen. Man wird dazu abgerichtet [...].«[7] In der Auffassung von Sprache als einem sozialen Sprachspiel, das jeweils mit einer Lebensform verbunden ist, kann sich nicht eine Person allein eine Sprache ausdenken. Eine Sprache ist vielmehr immer Ausdruck einer Lebensform, in deren Rahmen die Sprache eine Bedeutung und auch eine Funktion hat. Das Erlernen einer Sprache kommt einer Abrichtung des Nachwuchses gleich und gehört in die Sozialisation. Mit dieser Sprachauffassung im Hintergrund nutzt Wittgenstein die Methode einer *reductio ad absurdum*, um eine These anhand ihrer merkwürdigen und abwegigen Konsequenzen als absurd auszuweisen. Zentral für die Kritik einer Privatheit der Empfindungen und damit der Gefühle überhaupt ist das Käfer-Beispiel von Wittgenstein:

7 Wittgenstein, *Philosophische Untersuchungen*, S. 127–129. Zitiert wird aus den Abschnitten 199, 202 und 206.

> Wenn ich von mir selbst sage, ich wisse nur vom eigenen Fall, was das Wort ›Schmerz‹ bedeutet, – muss ich *das* nicht auch von den Andern sagen? Und wie kann ich denn den *einen* Fall in so unverantwortlicher Weise verallgemeinern?
> Nun, ein Jeder sagt es mir von sich, er wisse nur von sich selbst, was Schmerzen seien! – Angenommen, es hätte Jeder eine Schachtel, darin wäre etwas, was wir ›Käfer‹ nennen. Niemand kann je in die Schachtel des Andern schaun; und Jeder sagt, er wisse nur vom Anblick *seines* Käfers, was ein Käfer ist. – Da könnte es ja sein, dass Jeder ein anderes Ding in seiner Schachtel hätte.[8]

Wittgenstein folgert aus diesem und ähnlichen Fällen: So privat können Schmerzen und Gefühle überhaupt nicht sein. Da wüsste niemand, dass es Schmerzen und Gefühle überhaupt gibt und was sich da so in einem regt. Deshalb ist die Vorstellung zurückzuweisen, dass Gefühle innere Gegenstände sind, die wir mit Wörtern nur benennen. Die Sprache der Gefühle greift vielmehr in die Welt der Gefühle selbst ein. In einem gewissen Sinne gäbe es die Gefühle ohne die Sprache über sie gar nicht.

Damit geht Wittgenstein nicht so weit zu sagen, Gefühle seien frei für alle zugänglich: »Der Satz ›Empfindungen sind privat‹ ist vergleichbar: ›Patience spielt man allein‹.«[9] Das Haben von Gefühlen ist also durchaus privat; eine Person hat jeweils ihre je eigenen Gefühle. Zwei Personen können nicht im Wortsinne dieselben Gefühle haben. In einer anderen philosophischen Tradition hat Martin Heidegger diesen Gedanken als Jemeinigkeit unseres Daseins bezeichnet. Trotz der Jemeinigkeit eines privaten Habens von Gefühlen ist die Identifikation von Gefühlen

8 Ebd., S. 157. Abschnitt 293, vgl. die Abschnitte 256 und 244.
9 Ebd., S. 141. Abschnitt 248.

nur zu leisten über eine öffentlich geteilte Sprache. Sprache muss hier keineswegs nur verbale explizite Sprache bedeuten; Bild, Ton und Andeutungen sind ebenfalls mitgemeint. Ohne die prinzipielle Fähigkeit, Gefühle zur Sprache zu bringen, gibt es sie in einem gewissen Sinne gar nicht. Wenn wir also nicht in eine öffentlich tradierte Sprache über Gefühle einsozialisiert und kulturalisiert wären, könnten wir für uns nicht von Gefühlen sprechen. Dies bedeutet nicht, dass dann an dieser Stelle gar nichts wäre, denn die natürliche Basis der Gefühle ist ja weiterhin vorhanden. Doch die Vorstellung eines Fühlens selbst, ohne jemals eine Sprache für Gefühle zu haben, lässt sich nicht denken – jedenfalls auf der Basis von Wittgensteins Sprachauffassung nicht. Zur Vermeidung eines Missverständnisses sei allerdings betont: Sprache muss nicht in jeder einzelnen Situation durch Sprechen realisiert werden. Die Sprache im Allgemeinen und die Gefühlssprache sind eine Art Hintergrundinstitution, die im Prinzip gegeben, aber nicht in jeder Situation auch benutzt werden muss. Es geht also nicht um das ständige Bereden von Gefühlen (womöglich um sie nicht haben oder nicht ausdrücken zu müssen). Wittgensteins Punkt richtet sich lediglich auf die prinzipielle Sprachlichkeit der Gefühle.

Wie verhält es sich mit der großen Liebe, die sich leider nur nicht ausdrücken kann? Mit Wittgenstein wäre hier eine Unterscheidung zu treffen. Schüchternheit ist zum einen kein Dementi der Liebe, denn es handelt sich quasi um ein anderes Verhalten. Schüchternheit ist eine Art Gehemmtheit im eigentlich gewünschten Gefühlsausdruck. In diesem Sinne gibt es auch für Wittgenstein Liebe ohne spezifischen Ausdruck. Zum anderen besteht Wittgenstein darauf, dass ein »Ich liebe dich«, das sich nie im Verhalten manifestiert, irgendwann Selbst- oder Fremdtäuschung ist. Demgegenüber ist die schüchterne Unfähigkeit, die Liebe auszudrücken, durchaus ein Grenzfall der Manifestation von Liebe. Jedenfalls reicht es für die Liebe nicht aus, ihr

Vorhandensein – von außen unbeobachtet – immer nur für das eigene Innere zu behaupten.

Nicht nur bei der Liebe, sondern auch in der Kulturgeschichte des Schmerzes und dem kulturellen Umgang mit der Zeit[10] haben wir es zugleich mit Sachverhalten zu tun, die eine naturale Basis haben. Trotzdem gibt es bei Schmerz und Zeit eine Erlebensdimension, die nicht einfach in einer naturalistischen Deutung aufgeht, aber auch nicht privat von einem Individuum erfunden wird. Wittgenstein überzieht seinen Anti-Naturalismus und folgt geradezu einem Sprachidealismus unter Vernachlässigung eines natürlichen Anteiles der Gefühle. Die sprachliche Zugänglichkeit zur Wirklichkeit als Teil der kulturellen Konstitution ist mit der Natürlichkeit der Gefühle auf eine Art und Weise zusammenzudenken, die über eine Deutung des naturalen Kernes als ein bloß erkenntnistheoretisches Ding an sich hinausgeht. Aber auch die Erkenntnis der eigenen Gefühle muss sozial und kulturell erlernt werden. Gefühle lassen sich nur um den Preis der Fremd- und Selbsttäuschung, der Lüge also, erfinden. Diese sind jedoch kulturelle Spätlinge; denn erst einmal muss die Nicht-Täuschung gelernt sein.

Wenn Gefühle der eigenen Innerlichkeit nicht einfach gegeben sind und der Interpretation unterliegen, kann ich mich selbst über mich täuschen. Ein privilegierter Zugang zu den eigenen Gefühlen, der diese als authentische entdecken kann, besteht nicht. Im Einzelfall ist das Ich, sind meine Gefühle von einem informierten Anderen, sei es ein Freund oder ein Therapeut, unter Umständen besser verstehbar, als mir dies selbst möglich wäre. Im Prinzip gibt es zwischen mir und den anderen keinen Unterschied im Verstehen von Gefühlen; tatsächlich ist der empirische Vorsprung, den das Ich durch den langjährigen Umgang mit sich selbst hat, aber in der Regel nicht einzuholen. Vor

10 Vgl. Le Breton, *Schmerz*, sowie Levine, *Eine Landkarte der Zeit*.

aller Interpretation sind Gefühle weder mir selbst noch anderen zugänglich, so dass das Pathos einer Charakterisierung »In Wirklichkeit sind meine Gefühle so und so« unberechtigt ist.

Den Zugang zur eigenen Innerlichkeit als unkorrigierbar und privilegiert zu deuten, ist ein Fehlurteil, das der Vielschichtigkeit der menschlichen Gefühle nicht gerecht wird. Geradezu gefährlich kann das gegenteilige Extrem werden, wenn das Ich bei seinen Selbstdeutungen durch die Perspektive von außen übergangen und unterminiert wird. Während das Ich sich mit Selbstdeutungen, die der Illusion des Authentischen unterliegen, vor allem selbst schadet, ist die ideologiekritische Besserwisserei von außen eine Gefährdung für die Freiheit der Individuen. Deshalb ist es wichtig, dass Ideologiekritik nicht nur in der Version von Marx ausgedient hat, sondern auch in Versionen, die sich von Nietzsche, Freud und der heutigen Neurobiologie inspirieren lassen. Das Ich mag sich systematisch und dauerhaft über die eigenen Motive täuschen – eine Berechtigung, das Ich ideologiekritisch zu übergehen, resultiert daraus nicht. Drastisch ausgedrückt lässt sich sagen: Ideologiekritik entwickelte sich im 20. Jahrhundert zum Tor ins Konzentrationslager. Wer ideologiekritisch im Rücken des Subjekts operiert, meint alles besser zu wissen und schreckt dann womöglich nicht davor zurück, das Subjekt auch ganz direkt zu quälen. Damit Lager möglich wurden, mussten die dort eingesperrten Subjekte vorher entwertet sein. Und Ideologiekritik, die selbst ideologisch wird, ist eine der wirkungsvollen Möglichkeiten einer solchen Entwertung.

Die Vorstellung einer einzig wahren Deutung des Selbst ist sowohl in der Variante der privaten Innerlichkeit wie in der einer von außen operierenden Ideologiekritik aufzugeben; denn es gibt kein wahres Ich.[11] Was wir als Ich be-

11 So Rorty, S. 51 f., im Kontext seiner Freud-Deutung.

zeichnen, ist jeweils unsere eigene Interpretation: »Reife besteht nach dieser Ansicht eher in der Fähigkeit, noch nicht da gewesene Neubeschreibungen der eigenen Vergangenheit ausfindig zu machen, und das ist die Fähigkeit zur nominalistischen, ironischen Selbstbetrachtung.«[12] Gerade weil verschiedene Interpretationen von Personen möglich sind, gibt es Anlass zum toleranten Miteinander, in dem keiner Deutung von vornherein der Status des einzig richtigen zukommt. Die Vielfalt möglicher Interpretationen macht die kulturelle Erfindung der Innerlichkeit zu einem Schatz, der die Selbstbeschäftigung während eines ganzen Lebens als große Reise mit immer neuen interessanten Einsichten verstehen lässt. Die mit der Privatheit der Innerlichkeit verbundene Fehldeutung des Authentischen suggeriert demgegenüber eine gleichbleibende Substanz im Inneren, die es nur einmal zu entdecken gilt.

Wenn Gefühle der Interpretation ausgesetzt und insofern trotz der Widerständigkeit ihres Involviertseins sprachliche Konstruktionen sind, können wir uns auch nicht als authentische Urheber und Autoren unserer Gefühle verstehen. Neben dem deskriptiven Begriff der Authentizität gibt es jedoch noch eine normative Form, die erwünschte Eigenschaften einer Person wertend auszeichnet. Als authentisch wird dann nicht eine angeblich vor aller Interpretation gegebene Innerlichkeit charakterisiert, sondern von mir selbst geschätzte Teile werden auf diese Art und Weise lobend hervorgehoben. In der normativen Form der Authentizität findet sich ähnlich wie bei der personalen Identität ein Kriterium für die Selbstdeutung. Im Verhältnis von Rolle und Person ermöglicht das Aufsuchen des Authentischen eine Identifikation mit dem Erleben. Eine authentische Erfahrung ist eine nicht entfremdete Erfahrung. Charles Taylor analysiert die Quellen der normativen Authentizität; danach stammt dieser Begriff aus

12 Ebd., S. 52, vgl. S. 55 und 62.

dem Umkreis der Gefühlsphilosophie des 18. Jahrhunderts, die »ihren Ausgangspunkt in der im achtzehnten Jahrhundert aufkommenden Vorstellung erblickt, die Menschen seien mit einem moralischen Sinn ausgestattet, einem intuitiven Gefühl für das, was richtig und was falsch ist«. Der moralphilosophische Zusammenhang verschwindet jedoch nach und nach: »Der Begriff der Authentizität geht nun daraus hervor, dass der in dieser Vorstellung vorhandene moralische Akzent verdrängt wird.«[13] Die ursprüngliche Ausrichtung verschiebt sich in eine quasi psychologische Auslegung: »es ist eine neue Form der Innerlichkeit, bei der wir dahingelangen, uns selbst als Wesen mit innerer Tiefe zu begreifen«.[14] Es gibt für Taylor einen Zusammenhang zur Selbstbestimmung und zur romantischen Idee der Originalität: »Sich selbst treu sein heißt nichts anderes als: der eigenen Originalität treu sein, und diese ist etwas, was nur ich selbst artikulieren und ausfindig machen kann. Indem ich sie artikuliere, definiere ich zugleich mich selbst. Damit verwirkliche ich eine Möglichkeit, die ganz eigentlich mir selbst gehört.«[15]

Für ein normatives Verständnis der Authentizität lässt sich formulieren: *Selbstbestimmung ist eher eine Aufgabe der Selbsterfindung als die einer einfachen Selbstfindung.* Das Selbst wird nicht in Reinheit in der eigenen Innerlichkeit gefunden, sondern wird in einem mühsamen Prozess der autonomen Selbstwerdung durch Interpretation erfunden. So rückt die Authentizität aus einer psychologisierenden Fehldeutung in die Welt eines von mir sogenannten normativen Individualismus.[16] Im Grunde ist sie eine verkappt normative Charakterisierung bestimmter Eigenschaften: So authentisch ist das Authentische gar nicht! Statt den normativen Maßstab unausgewiesen zu lassen

13 Taylor, *Das Unbehagen an der Moderne*, S. 34 f.
14 Ebd., S. 35.
15 Ebd., S. 39.
16 Hastedt, *Der Wert des Einzelnen*.

und wie beispielsweise in der Rede von der Selbstverwirklichung ein authentisches Selbst als Faktum zu unterstellen, ist es überzeugender, die Selbsterfindung im Lichte des normativ Erwünschten zu rechtfertigen. Die pathetisch nach dem Authentischen im Inneren suchende Frage »Was will ich wirklich?« behält in ihrer normativen Form gleichwohl eine wichtige Bedeutung; denn so wird die Berechtigung überkommener Gewohnheiten im Handeln und im Wahrnehmen der Welt in Frage gestellt und unser Selbstbild normativ reflektiert. Es geht nicht um die Suche nach einer inneren Wahrheit als einem bloß zu entdeckenden Faktum im Inneren. Wir verlassen niemals das Terrain der Interpretation der eigenen Wünsche. Die einst gebilligten und jetzt abgelehnten Wünsche werden neu interpretiert im Lichte anderer Wünsche. Das antike »Erkenne dich selbst!« lässt sich, wenn man die Bedeutung der Interpretation betont, abwandeln: »Konfrontiere dich mit dem Deutungsanteil deiner Gefühle und erkunde andere Deutungen!«

7. Von der Abwertung zur kompensatorischen Übersteigerung der Gefühle in der rationalisierten Gesellschaft

> Die meisten Fortschritte [...] sind auf dem Gebiet des Geistreichen gemacht worden. Jenes Gebiet, auf dem man keine Fortschritte machen kann, die Sentimente, das Erleidbare, das Schwere [...] ist mit viel verfremdetem Gefühl, mit *Psychologie* (die am wenigsten von der Seele spricht!) versetzt wie ein kontaminiertes Stück Erde.[1]
>
> Botho Strauß

Auf den folgenden Seiten geht es um Zeitdiagnose, also um die Deutung von Phänomenen der gegenwärtigen Gesellschaft und Kultur.[2] Zeitdiagnose in der systemphilosophischen Tradition Hegels, wonach es die Aufgabe der Philosophie ist, ihre Zeit auf den Begriff zu bringen, dürfte kaum noch gelingen. Dafür sind die Phänomene unserer Zeit zu vielfältig und ihre Wirklichkeit zu unübersichtlich. Dennoch kann Zeitdiagnose als Versuch daherkommen, einige der wahrgenommenen Phänomene zu deuten.[3] Die Begriffe der gesellschaftlichen Rationalisierung und der Kompensation werden im Folgenden mit der Frage verbunden, ob es neben der gelebten Gefühlsabwertung durch Rationalisierung auch eine kompensatorische Übersteigerung der Gefühle in der rationalisierten Gesellschaft gibt. Als gedankliche Brücke zwischen der Rationalisierung einerseits und der Abwertung und Übersteige-

1 Strauß, *Die Fehler des Kopisten*, S. 20.
2 Vgl. Ollig (Hrsg.), *Philosophie als Zeitdiagnose*.
3 Vgl. für zwei gelungene Bücher aus der journalistisch geprägten Zeitdiagnose Kurbjuweit, *Unser effizientes Leben* sowie Siemons, *Jenseits des Aktenkoffers*.

rung der Gefühle andererseits fungiert eine Analyse der Kälte im Stil des rationalisierten Lebens ebenso wie eine historische Untersuchung der Nervosität um die Jahrhundertwende.

Peter Gay analysiert die »Macht des Herzens« im als pragmatisch und realistisch geltenden 19. Jahrhundert und mag damit den Weg weisen für die Suche nach einer heutigen Hochschätzung der Gefühle:

> Das 19. Jahrhundert hat sich mit Leidenschaft, fast bis zur Neurose ins Selbst vertieft. Gerade in jenen Jahrzehnten, in denen die Bürger den bis dahin beharrlichsten Versuch unternahmen, sich der Welt zu bemächtigen, haben sie der Selbstbeobachtung viel lust- und vielleicht noch mehr angsterfüllte Zeit gewidmet. Damals, als Wissenschaftler und Soziologen, Ärzte und Reformer mit vereinten Kräften gegen Unwissen, Armut und Krankheit zu Felde zogen, machten Romanciers, Maler, Biographen und sogar Historiker die Selbsterforschung zu ihrem Hauptanliegen [...]. Im 19. Jahrhundert wimmelt es von Bürgern, die den Zeitgenossen ihr unverhülltes Inneres, ihr nacktes Herz darbieten.[4]

Helmut Plessner überrascht in den siebziger Jahren des 20. Jahrhunderts mit einer Abgrenzung von Gays Analyse:

> Man nimmt seine Gefühle nicht mehr so wichtig wie im 19. Jahrhundert. Da hatte man noch Platz für die Innerlichkeit, schon weil man nicht so dicht aufeinander wohnte. Interiorisierung verlangt mehr Interieur, als man es sich heute durchschnittlich leisten kann. Und der Wohlstandspöbel, der dazu in der Lage wäre, weiß mit sich eh und je nichts anzufangen. Die Steigerung des Gefühls im 19. Jahrhundert wurde überdies durch den

4 Gay, *Die Macht des Herzens*, S. 9.

noch starken Druck öffentlich geltender Normen begünstigt, dem man sich ins Persönliche entziehen musste, um frei zu sein – ein Druck, der heute fehlt.[5]

So interessant Plessners Bemerkung auch ist, glaube ich nicht, dass er Recht hat, wenn er eine abnehmende Bedeutung der Gefühle behauptet. Vielleicht markiert seine Charakterisierung die Vorliebe für eine vermeintlich gesellschaftstheoretische Objektivität, wie sie nach 1968 große Verbreitung gefunden hat. Schon zehn Jahre danach nahmen die Phänomene einer Neuen Subjektivität wieder zu.[6] Diese reichen von einer starken Orientierung an der Innerlichkeit in der Literatur über den Boom der Therapieszene bis hin zu einer Ausbreitung der esoterischen Anschauungen. Und was ehedem der moralische Außendruck gewesen ist, mag heute die undurchschaubare Komplexität der rationalisierten Gesellschaft selbst sein. Motive zur Ausweichung in die Innerlichkeit dürften jedenfalls vielfältiger sein, als Plessner unterstellt. An diesem Punkte schlage ich vor, eher den Gedanken Plessners aus den früheren Jahren des 20. Jahrhunderts zu folgen. In einem brillant geschriebenen Text hatte er schon damals »Grenzen der Gemeinschaft« aufgezeigt; für Plessner versucht sich im Idol der Gemeinschaft eine vermeintliche Insel des Gefühls gegen die Rationalisierung zu etablieren. Zum Ausgleich für die »maßlose Erkaltung der menschlichen Beziehungen« und die »Härte und Schalheit unseres Lebens« setzt die Gemeinschaft die »Süßlichkeit« einer wärmenden Überschaubarkeit.[7] Ohne dies ausdrücklich so zu nennen, beschreibt Plessner Kompensationsphänomene der Rationalisierung.

5 Plessner, *Mit anderen Augen*, S. 121. Der Text stammt aus dem Jahre 1971.
6 Vgl. Mohr, *Zaungäste*.
7 Plessner, *Grenzen der Gemeinschaft*, S. 28. Vgl. Essbach/Fischer/Lethen (Hrsg.), *Plessners »Grenzen der Gemeinschaft«* sowie Lethen, *Verhaltenslehren der Kälte*.

Max Weber sieht in der Rationalisierung eine abendländische Besonderheit, die die Fähigkeit zur Planung und Effektivität im Alltag beinhaltet. Das mit der Rationalisierung einhergehende Auseinandertreten der Wertsphären macht es für die Individuen kompliziert, den eigenen Lebensweg zu finden. Weber spricht in diesem Zusammenhang von einer Entzauberung der Welt, die zu einem Sinnverlust führt. Die rationalisierte Welt ist eine Welt ohne traditionelle Selbstverständlichkeiten. Was rational im Sinne einer effektiven Zweck-Mittel-Verwendung ist, muss stets neu durch das rechnende Kalkül erschlossen werden. Und die Zwecke sind dabei nicht mehr reflektierbar, sondern kommen merkwürdig gesetzt daher.[8]

Besondere Aufmerksamkeit hat Weber der Rationalisierung in *Die protestantische Ethik und der Geist des Kapitalismus* gewidmet. Er bemerkt ausdrücklich, dass er die Untersuchungen der ökonomischen Basis durch Karl Marx mit seiner Analyse der protestantischen Ethik als Motivationshintergrund des Kapitalismus nur ergänzen will.[9] Dieser Zusammenhang kann hier auf sich beruhen bleiben. Herausstellen möchte ich lediglich, in welchen Vokabeln Weber über die Rationalisierung und den Kapitalismus spricht. Kapitalismus hat für ihn nichts mit »Erwerbsgier« – einem starken Gefühl also – zu tun, sondern »kann geradezu identisch sein mit Bändigung, mindestens mit rationaler Temperierung, dieses irrationalen Triebes«.[10] Berechenbarkeit und Kalkulation gelten ihm als Ausdruck der Rationalisierung in allen Lebensbereichen:

> [...] wie von rationaler Technik und rationalem Recht, so ist der ökonomische Rationalismus in seiner Entstehung auch von der Fähigkeit und Disposition der Men-

8 Hieran knüpft Max Horkheimer mit seinem oben bereits aufgegriffenen Vorwurf einer bloß instrumentellen Vernunft an.

9 Weber, *Religionssoziologie* I, S. 12.

10 Ebd., S. 4. Die bei Weber im Text häufigen Sperrungen einzelner Wörter sind weggelassen.

schen zu bestimmten Arten praktisch-rationaler Lebensführung überhaupt abhängig. Wo diese durch Hemmungen seelischer Art obstruiert war, da stieß auch die Entwicklung einer wirtschaftlich rationalen Lebensführung auf schwere innere Widerstände.[11]

Die *Dialektik der Aufklärung* von Max Horkheimer und Theodor W. Adorno hat den Grundgedanken von Webers Rationalisierung aufgegriffen. Was bei Weber allerdings in der Bewertung noch ambivalent bleibt, wird bei Horkheimer und Adorno zu einer schwarzen Geschichtsphilosophie: Rationalisierung schlägt um in Barbarei. Durch Rationalisierung verdrängte Gefühle kehren wieder als Unheil. Auch wenn noch eine Resthoffnung auf eine positive Aufklärung bleibt, dominiert in diesem Buch angesichts von Faschismus, Stalinismus und Kulturindustrie die Befürchtung, eine kognitiv verstandene Aufklärung führe geradewegs ins Verderben.

Georg Simmel hat demgegenüber weniger dramatisch in seiner *Philosophie des Geldes* im Schlusskapitel die Kälte als einen Stil des Lebens analysiert, der mit der Rationalisierung einhergeht. Kälte steht im Sinne der Begriffsklärung nicht für Gefühllosigkeit, sondern für Gefühle zweiter Ordnung. Simmels These lautet, dass Geld im Prinzip frei macht, aber um den Preis einer grundsätzlichen Veränderung des Stils des Lebens, insofern ›Kälte‹ und Distanz bei ihm eine notwendige Kehrseite der Geldwirtschaft sind. Es bleibt nach Simmel den freien Individuen gar nichts anderes übrig, als sich ›kalt‹ voneinander zu distanzieren:

> Auf diese Weise entsteht […] eine innere Schranke zwischen den Menschen, die aber allein die moderne Lebensform möglich macht. Denn das Aneinander-Ge-

11 Ebd., S. 12. Vgl. die Schlusspassagen in Webers berühmtester Rede »Wissenschaft als Beruf«.

drängtsein und das bunte Durcheinander des großstädtischen Verkehrs wären ohne jene psychologische Distanzierung einfach unerträglich. Dass man sich mit einer so ungeheuren Zahl von Menschen so nahe auf den Leib rückt, wie die jetzige Stadtkultur mit ihrem kommerziellen, fachlichen, geselligen Verkehr es bewirkt, würde den modernen, sensiblen und nervösen Menschen völlig verzweifeln lassen, wenn nicht jene Objektivierung des Verkehrscharakters eine innere Grenze und Reserve mit sich brächte. Die entweder offenbare oder in tausend Gestalten verkleidete Geldhaftigkeit der Beziehungen schiebt eine unsichtbare, funktionelle Distanz zwischen die Menschen, die ein innerer Schutz und Ausgleichung gegen die allzu gedrängte Nähe und Reibung unseres Kulturlebens ist.[12]

Für Simmel ist der ›kalte‹ Stil des Lebens nicht einfach nur negativ, sondern er bleibt ambivalent: ›Kälte‹ macht frei von traditionellen Bindungen, aber entfremdet und vereinsamt zugleich. Es wird deshalb besonders zur Aufgabe des einzelnen Menschen, diesen Stil lebbar zu halten oder erst lebbar zu machen. ›Kälte‹ und Distanz sind für Simmel jedenfalls zwangsläufige Zwillinge der Freiheit des Einzelnen.

Odo Marquard hat den Begriff eines »homo compensator« in die anthropologische Debatte eingeführt und kulturphilosophisch auf gegenwärtige Phänomene angewandt. Schon im Hinblick auf den Begriff des Mängelwesens von Arnold Gehlen drängt sich das Kompensationsphänomen für Marquard auf: Gerade weil der Mensch in seiner Unspezialisiertheit als Mängelwesen daherkommt, bedarf er der kompensatorischen Entlastung (bei Gehlen durch Institutionen).[13] Mensch sein heißt, wie ich ergänzen

12 Simmel, *Philosophie des Geldes*, S. 664 f.

13 Marquard, *Philosophie des Stattdessen*, S. 12 ff. Vgl. schon Marquard, *Abschied vom Prinzipiellen*.

möchte, Dilettant sein, und dieser ist allzu leicht überfordert, so dass er der Stützung durch Kompensation bedarf.

Der Kompensationsgedanke – zunächst anthropologisch entwickelt – wird von Marquard in einem nächsten Schritt auf die Geisteswissenschaften bezogen:

> Die Geisteswissenschaften helfen, als erzählende Wissenschaften, jene lebensweltlichen Verluste zu kompensieren, die die durch die experimentierenden Naturwissenschaften angetriebenen Modernisierungen herbeiführen. Modernisierungen sind Entzauberungen: die Geisteswissenschaften helfen der kompensatorischen Genese einer Dennoch-Verzauberung durch den ästhetischen Sinn, indem sie Sensibilisierungsgeschichten erzählen. Modernisierungen sind – als veraltungsbeschleunigende Innovationen – Entgeschichtlichungen: die Geisteswissenschaften helfen der Kompensation durch Kontinuitäts- und Traditionsbewahrung, indem sie Bewahrungsgeschichten erzählen. Modernisierungen sind schließlich Komplexitätssteigerungen mit Desorientierungsfolgen: die Geisteswissenschaften versuchen – kompensatorisch – Orientierungsgeschichten zu erzählen.[14]

Die empörte Reaktion vieler geisteswissenschaftlicher Kollegen auf Odo Marquard lässt sich im Abstand der Jahre kaum noch nachvollziehen, denn mit der Anwendung des Kompensationsgedankens auf die Geisteswissenschaften singt Marquard im Grunde genommen ein Loblieb auf die Unentbehrlichkeit dieser Disziplinengruppe. Die Unzufriedenheit dürfte wohl daher rühren, dass in den achtziger Jahren des damaligen Westdeutschlands in den Geisteswissenschaften immer noch die geheime Hoffnung auf eine Revolution gepflegt wurde (und sei es nur

14 Marquard, *Verspätete Moralistik*, S. 13.

eine im Denken). Vielleicht ist es hilfreich, zwischen guten und schlechten Kompensationen zu unterscheiden. Schlechte Kompensationen werden zur Ideologie, gute Kompensationen machen das Kompensierte lebbarer.

Der Kompensationsgedanke enthält sachlich zugleich eine Bindung des Kompensatorischen an das, was kompensiert wird, und eine Notwendigkeitserklärung. Dieser Doppelcharakter gilt auch für die Gefühle, insofern der Hauptstrang des Zeitalters in der Rationalisierung liegt. Die mit der Rationalisierung einhergehende Kälte wird zunehmend als nur schwer lebbar empfunden. Deshalb gibt es einen großen Aufwand für die Gefühlswelt zur Kompensation von Rationalisierung und Kälte. Diese Aufwertung der Gefühle erfolgt gleichsam hinter unserem Rücken und wird an der offiziellen Oberfläche gerne geleugnet. Damasio wundert sich, dass Gefühle so wenig untersucht und analysiert worden sind, obwohl »hochentwickelte Gesellschaften einen schamlosen Kult mit Gefühlen treiben und sie mit viel Aufwand und großen Mühen manipulieren – mit Alkohol, Drogen, Medikamenten, Nahrung, realer Sexualität, virtueller Sexualität, einer Fülle von Konsumformen, sozialen und religiösen Praktiken, die Wohlgefühle hervorrufen sollen«.[15] Gefühle dominieren unsere alltägliche Aufmerksamkeit. Nach unserem Selbstbild als verständige Menschen müssen wir das Gegenteil suggerieren. Weil Gefühle in ihrer Wichtigkeit nicht zugelassen sind, kommen sie teilweise an wenig erwünschten Stellen zur Geltung. Nicht jede Kompensation der Rationalisierung durch eine Übersteigerung der Gefühle ist zu kritisieren, insofern sie die Ambivalenz der kalten Rationalisierung lebbarer macht und Gefühle auch innerhalb der Welt der Rationalisierung eine Chance erhalten.

Speziell in Deutschland hat die kompensatorische Aufwertung der Gefühle eine lange und verhängnisvolle Tra-

15 Damasio, *Der Spinoza-Effekt*, S. 11.

dition. In der deutschen Gefühlsphilosophie des 18. Jahrhunderts haben wir bereits den wirkungsmächtigen Johann Georg Hamann kennengelernt. Die deutsche Romantik, der Wagnerkult und der Irrationalismus von Arthur Schopenhauer sind im 19. Jahrhundert markante Daten im Irrationalismus des deutschen Sonderweges.[16] Auch Friedrich Nietzsche ist in diesem Zusammenhang ein interessanter und zwiespältiger Autor der Philosophie. Im Kontext der Psychoanalyse von Sigmund Freud habe ich oben die Lebensphilosophie von Nietzsche schon zustimmend aufgegriffen. Gleichwohl kann nicht unerwähnt bleiben, dass sich Nietzsche oder besser eine sich auf ihn beziehende Rezeption in besonderer Weise als Hintergrundideologie für eine schlechte Kompensation der Rationalisierung eignet. Auch wenn sich der tote Nietzsche nicht mehr wehren konnte, ist die nationalsozialistische Form, speziell die »blonde Bestie« im Werk Nietzsches aufzugreifen, den lebensphilosophischen Gedanken Nietzsches nicht einfach nur äußerlich. Um eine Aufwertung der Gefühle plausibel zu machen, ist eine Abgrenzung von der schlechten Kompensation erforderlich. Eine bloße Umwertung der Werte, die die alte Abwertung der Gefühle in einen Kult des Lebens und der Gefühle umwandelt, ist in ihrem Irrationalismus gefährlich.

Für die Jahrhundertwende um 1900 liegt eine interessante Studie des Historikers Joachim Radkau vor, der sich mit der Nervosität als dominantem Gefühl der wilhelminischen Ära beschäftigt (von ihm etwas vordatiert auf die Zeit ab 1880 bis ungefähr 1914 zum Beginn des Ersten Weltkrieges).[17] Auf der Basis vieler Quellen versucht Radkau diese Zeit als »Zeitalter der Nervosität« zu charakterisieren. Die Allgegenwart von Nervosität wirkt wie eine Kompensation des Markigen und Soldatischen im deut-

16 Vgl. Plessner, *Die verspätete Nation.*
17 Radkau, *Das Zeitalter der Nervosität.*

schen Kaiserreich vor 1914, fast wie die »weiche Seite des Wilhelminismus«.[18] Ähnlich charakterisiert Heinrich Mann schon im ersten Satz des *Untertan* seine Hauptperson: »Diederich Heßling war ein weiches Kind, das am liebsten träumte, sich vor allem fürchtete und viel an den Ohren litt.«[19] Damit liefert Heinrich Mann ein Beispiel dafür, wie »Übersensibilität [...] abrupt in Härte umschlagen« kann.[20] Die Grunderfahrung des »nervösen Zeitalters« ist nicht mehr die alte Bändigung der Leidenschaften; Leidenschaften kanalisieren sich eher unspezifisch als Nervosität:

> Viele litten an einer Gebrochenheit und Unentschiedenheit der Gefühle und sehnten sich nach einer starken Leidenschaft, die alle Energie in eine Richtung bündelt. [...] Ewig muss man zweifeln, ob man den richtigen Beruf, den richtigen Partner und die richtige Lebensweise gewählt hat und die entsprechenden Anforderungen erfüllt. [...] Die rapide Ausbreitung der sitzenden Lebensweise, der erhöhte Konsum von Fleisch, Salz, Zucker und die immer massenhaftere Verfügbarkeit von Reizmitteln wie Alkohol und Kaffee: All das ist gewiss ein materielles Substrat dessen, was man vor hundert Jahren unter Nervosität verstand.[21]

Mancher bestreitet um die Jahrhundertwende allerdings auch den Zusammenhang von Nervosität und Moderne. Ist Nervosität das Ergebnis der nicht lebbaren Beschleunigung oder gar nur das Ergebnis unerwünschter Langsamkeit? Radkau zitiert einen Arzt aus Mecklenburg, der die letztere Deutung bevorzugt:

18 So die Überschrift eines Kapitels; Radkau, S. 295 ff.

19 Mann, *Der Untertan*, S. 5.

20 Radkau, S. 468. Vgl. S. 10: »Die Nervositätsgeschichte ist nicht nur eine Geschichte des Leidens, sondern auch eine der Wehleidigkeit.«

21 Ebd., S. 19, 23, 26. Vgl. zur begrifflichen Reflexion bei Radkau, S. 13: »Nervosität als Krankheit und als Kulturzustand, als individuelle Erfahrung und als nationales Befinden«.

Die Anpassungsfähigkeit des menschlichen Gehirns an neue soziale Verhältnisse, an die Wirkungen technischer Fortschritte ist viel größer, als die Kulturpessimisten uns glauben machen wollen. Nicht dass man von Rostock nach Berlin in 4 Stunden und von Hamburg nach New York in 5 Tagen gelangen kann, macht den modernen Menschen nervös. Nervös werden wir dagegen fast alle, wenn wir, um von Rostock nach Roebel (kleine Stadt im südlichen Mecklenburg) zu gelangen, 5 Stunden in der Klingelbahn sitzen müssen.[22]

Radkau zieht in seiner Studie zur Jahrhundertwende das Fazit, »dass der Nervendiskurs trotz mancher Tücken und Absonderlichkeiten im Großen und Ganzen eine humane und aufklärerische Tendenz besaß und noch bis in den Krieg hinein behielt«.[23] Im Diskurs über Nervosität lässt sich also eine Wiederkehr des Verdrängten erkennen, deren Aufnahme in der Kultur von Radkau jedenfalls als produktiv gesehen wird. In der wilhelminischen Politik hingegen entsteht eine Atmosphäre wachsender Reizbarkeit und Ungeduld, die häufig zu den historisch bekannten Überreaktionen auf geringfügige Herausforderungen geführt hat. Am Schluss der Arbeit steht eine für einen Historiker vielleicht überraschende Folgerung: »Das negative Verhältnis zur Zeit deutet auf einen im damaligen Deutschland verbreiteten Mangel an Lebenskunst.«[24]

Die Grundgedanken aus Radkaus historischer Studie lassen sich mit Lesefrüchten anderer Autoren vertiefen: Bei den Werken von Ludwig Klages und Theodor Lessing, wie überhaupt von Autoren der Lebensphilosophie und der Jugendbewegung, haben wir es mit Fundgruben für eine zivilisationskritische und kompensatorische Überstei-

22 Ebd., S. 178.
23 Ebd., S. 457, und den ganzen Kontext dort für die folgenden Bemerkungen.
24 Ebd., S. 467.

gerung der Gefühle zu tun. So beinhaltet der Grundgedanke von Ludwig Klages eine Kritik des Verstandes im Namen des Gefühls, auch wenn Letzteres bei ihm Seele und Ersteres Geist genannt wird.[25] Theodor Lessing denkt ähnlich: »Dass der Geist als der Widersacher des Lebens im Menschengeschlecht die Flut verstarre, das ist gewiss eine furchtbare Wahrheit.«[26] Autoren wie Klages und Lessing sind interessant, um die Phänomene von Seele und Leben zu erkunden; sie stehen dabei ebenfalls in der Gefahr, ihre zivilisationsskeptische Kritik der Rationalisierung zu überziehen und den Irrationalismus kompensatorisch zu übertreiben.

Um zeitdiagnostisch vom Anfang des 20. Jahrhunderts zu dessen Ende zu gelangen, leistet die umfassende Kultursoziologie der Gegenwart von Gerhard Schulze einen entscheidenden Beitrag, da sie unter dem Schlagwort der Erlebnisgesellschaft zahlreiche Belege für die kompensatorische Aufwertung der Gefühle enthält.[27] *Die Erlebnisgesellschaft ist eine Gefühlsgesellschaft*, wie ich vorschlagen möchte. Für Schulze sind Erlebnisse »psychophysische Konstruktionen«, die das Leben in unserer Gegenwart prägen:

> Das Leben ist schlechthin zum Erlebnisobjekt geworden. Zunehmend ist das alltägliche Wählen zwischen Möglichkeiten durch den bloßen Erlebniswert der gewählten Alternative motiviert: Konsumartikel, Essge-

25 Klages, *Der Geist als Widersacher der Seele.*

26 Lessing, *Europa und Asien*, S. 349. Die Sperrung im Text ist weggelassen. Vgl. S. 338, wo Lessing seine Kontrastierung von Europa (»Tat- und Arbeitswelt«) und Asien (»Nacht- und Traumwelt«) verdeutlicht und sich zugleich davon distanziert, als »Fürsprecher des Irrationalen« wahrgenommen zu werden. Philosophie und Figur des Theodor Lessing sind vielschichtiger, als ich hier ausführen kann. Vgl. Marwedel, *Theodor Lessing.*

27 Schulze, *Die Erlebnisgesellschaft*. Vgl. Hell, *Seelenhunger*, S. 26 f., mit der Charakterisierung des Erlebniskultes als Gegenbewegung.

> wohnheiten, Figuren des politischen Lebens, Berufe, Partner, Wohnsituationen, Kind oder Kinderlosigkeit. [...] Erlebnisorientierung ist die unmittelbarste Form der Suche nach Glück. Als Handlungstypus entgegengesetzt ist das Handlungsmuster der aufgeschobenen Befriedigung, kennzeichnend etwa für das Sparen, das langfristige Liebeswerben, den zähen politischen Kampf, für vorbeugendes Verhalten aller Art, für hartes Training, für ein arbeitsreiches Leben, für Entsagung und Askese. Bei Handlungen dieses Typs wird die Glückshoffnung in eine ferne Zukunft projiziert, beim erlebnisorientierten Handeln richtet sich der Anspruch ohne Zeitverzögerung auf die aktuelle Handlungssituation. Man investiert Geld, Zeit, Aktivität und erwartet fast im selben Moment den Gegenwert.[28]

Erlebnisse markieren die kurzfristig orientierte Aufladung von alltäglichen Begebenheiten des Lebens ohne wirkliches Involviertsein. In der Erlebniskultur wird beispielsweise aus einem Konzert ein Ereignis, ein Event, das durch Ästhetisierung und Werbung überhöht erlebt wird. Die Erlebnisgesellschaft kommt stets – wie mir scheint – in einem Ton der leicht exaltierten Euphorie zum Ausdruck oder zumindest im Vorspielen einer solchen Euphorie. Konzerte der Event-Kultur können nur ganz toll sein (sonst hätte sich der Eintritt ja auch nicht gelohnt). Erlebnisse sind vor allem die gespielten Leidenschaften des modernen Menschen, in dessen gedämpftem Leben echte Leidenschaften immer weniger vorkommen.

Sind Erlebnisse eigentlich spezifische Gefühle? Erlebnisse beschränken sich nicht auf Leidenschaften, sondern können auch Emotionen, Stimmungen, Empfindungen und wohl auch Wünsche, Wahrnehmungen, erkennende Gefühle und vielleicht sogar Gefühlstugenden einbezie-

28 Ebd., S. 13 f.

hen. Der Erlebnisbegriff überlagert die Untergruppen; eigentlich ist der Ausdruck des Erlebnisses nur ein deutender Begriff für alles Mögliche; denn vermutlich können sogar Gedanken Erlebnisse sein. *Der kompensatorische Erlebniskult der Gefühle ist eigentlich ohne spezifischen Gegenstand; es handelt sich bloß um ein Deutungsphänomen.* Mit dem Begriff des Erlebnisses werden Gefühle nur überhöht, indem gegen das Phänomen der Kälte durch Rationalisierung kompensatorisch mit einer Tendenz zum Zwanghaften das Erlebnis gesetzt wird. Während Kälte als Gefühl zweiter Ordnung allerdings seine realen Wirkungen entfaltet, markiert das kultische Reden von Erlebnissen letztlich nur Worte ohne Inhalt.

An dieser Stelle überkreuzen sich die analytische Erarbeitung und die zeitdiagnostische Verwendung des Gefühlsbegriffes: Während die analytische Erarbeitung zu dem Ergebnis führte, dass Gefühle unvermeidlich sind, läuft das Nachdenken über den kompensatorischen Kult Gefahr, hinter diese Einsicht zurückzufallen und einen unhaltbaren Gegensatz von Verstand und Gefühl wieder aufzuwärmen. Die Rationalisierung wird vor allem durch Verstandesleistungen getragen. Wenn Verstand und Gefühl sich nicht dualistisch gegenüberstehen, müssen auch hinter der Rationalisierung Gefühle stehen. Auf dieser Ebene gibt es also gar nichts zu kompensieren. Der kompensatorische Erlebniskult ist deshalb selbst nicht viel mehr als ein rationalisiertes Verstandesprogramm, das den Mangel an echtem Involviertsein durch Erlebnislärm übertönt. Eine kompensatorische Aufwertung der Gefühle propagiert demgegenüber richtig verstanden bestimmte Gefühle im Gegensatz zu anderen, nämlich solche der ungeplanten Spontaneität gegenüber jenen der distanzierten Planung. Entsprechend geht es nicht um die Frage, ob wir Gefühle kultivieren wollen, sondern welche. Dies leitet über zu dem in der Philosophie alten Thema, wie ein gelingendes Leben unter Einschluss der Gefühle aussehen kann.

8. Gefühle und Lebenskunst

> Das Leben ist so: Du wirst hineingeworfen wie in ein kaltes Wasser, ungefragt, ob du willst oder nicht. Du kommst lebend nicht mehr heraus. Darüber kannst du:
> a) unglücklich sein und ersaufen;
> b) dich lustlos und frierend so lange über Wasser halten, bis es vorbei ist;
> c) einen Sinn suchen und einfordern und dich grämen, weil er sich nicht zeigt.
> Oder du kannst:
> d) dich darin voller Freude tummeln wie ein Fisch und sagen: »Ich wollte sowieso ins Wasser, kaltes Wasser ist meine Leidenschaft. Was für ein verdammt schönes Vergnügen, Leute!«
> Und das wäre die Kunst, um die es hier geht.[1]
>
> Janosch

Die Kunst des gelingenden Lebens ist ein Thema der Philosophie, das in der Antike im Zentrum des Nachdenkens stand, in der Neuzeit aber nach und nach an den Rand gedrängt wurde. In der praktischen Philosophie dominierte eine Ethik, die auf methodische Allgemeinheit zielte.[2] Seit einiger Zeit gibt es jedoch eine Renaissance des Interesses an der Lebenskunst, dem guten Leben und dem damit verbundenen Thema des Glücks.[3] Als Lebenskünstler muss der Mensch nicht primär oder gar ausschließlich die ethischen Richtigkeiten beachten, sondern das ganze Spektrum

1 Janosch, *Das Wörterbuch der Lebenskunst*, S. 7.
2 Vgl. Toulmin, *Kosmopolis*.
3 Siehe Schmid, *Philosophie der Lebenskunst*; Steinfath (Hrsg.), *Was ist ein gutes Leben?*; Seel, *Versuch über die Form des Glücks*; Thomä, *Vom Glück in der Moderne*.

eines gelingenden Lebens tritt in das Blickfeld. Deshalb bildet die Philosophie der Lebenskunst für die philosophische Berücksichtigung der Gefühle ein günstiges Umfeld. Lebenskunst heißt angewendet auf Gefühle zunächst einmal, den Gegensatz von Gefühl und Verstand hinter sich zu lassen und nicht zwischen Rationalisierung und schlechter Kompensation hin und her zu schwanken. Die Phänomene der ›Kälte‹, der Nervosität und der Erlebnisgesellschaft, die im Mittelpunkt des vorangegangenen Teiles standen, sind jedenfalls Beispiele eines nicht gelungenen Lebens. Zur Lebenskunst gehört auch die Einsicht, dass es in jedem menschlichen Leben – wenn wir denn die kantische Metapher des »krummen Holzes« ernst nehmen – sowohl Momente des Gelingens als auch des Misslingens gibt, die durch eine anderslautende Eigeneinschätzung entweder zum Triumphalen oder zum Hyperkritischen hin nicht genügend gewürdigt würden.

Eine Philosophie der Lebenskunst ist insbesondere in der modernen Welt immer einer Gefahr ausgesetzt – nämlich der der Peinlichkeit, Banalität und Lächerlichkeit. Gerade weil das Thema Lebenskunst an den Rand und ins Private abgedrängt ist, gibt es keine etablierte Form des Redens über diese Kunst. Allein die private Meinung auszustaffieren, reicht nicht aus, so dass mancher Philosoph gerne aus Wittgensteins Satz »Worüber wir nicht reden können, darüber müssen wir schweigen« die Konsequenz zieht. Mit Theodor W. Adorno ist es jedoch gerade die Aufgabe der Philosophie, das Unsagbare zur Sprache zu bringen und – so Hermann Schmitz – die »Folgen der Forcierung des Tempos der verdeckenden Intellektualkultur« zu vermeiden. Die Fähigkeit, sich die Erde untertan zu machen, hat für Schmitz eine geradezu phantastische Höhe erreicht, während die fließende Lebenserfahrung den Subjekten fremd sei wie eine Märchenwelt.[4]

4 Schmitz, *Leib und Gefühl*, S. 9f.

Ein immer wiederkehrendes Grundmotiv in der Tradition der Lebenskunst ist die bedrängende Frage, wie es angesichts des Todes und der Endlichkeit des Lebens gelingen kann, in Gelassenheit zu leben und damit Glück zu erlangen.[5] Im Umgang mit den Gefühlen Gelassenheit anzuregen, mag richtig sein, trifft aber in einer ersten Annäherung nicht den Punkt: Der Kern der Gefühle als Involviertsein liegt gerade in etwas, das der Ruhe nicht unbedingt zuträglich ist und zu einer Art Aufgeregtheit über das Besondere führt. Wer Gefühle hat und zeigt, ist zunächst einmal nicht gelassen. Gegen die Gefühle – insbesondere gegen die Leidenschaften – vorschnell von Gelassenheit zu reden, läuft eher darauf hinaus, bestimmte Gefühle negativ zu sanktionieren. Bei genauerem Nachdenken erschließt sich allerdings die Möglichkeit, Gelassenheit selbst als Gefühl zweiter Ordnung zu deuten, die durchaus mit dem Ausleben von Gefühlen erster Ordnung vereinbar ist. Nach einem so vertieften Verständnis müsste eine eher der Distanz nahestehende Form von einer solchen abgegrenzt werden, die durchaus Gefühle und Leidenschaften ermöglicht, im Zulassen des Involviertseins aber bestimmte Aufgeregtheiten vermeidet. Auf jeden Fall macht diese Differenzierung bereits deutlich, dass die Beziehung zwischen Lebenskunst und Gefühlen nicht evident ist und dementsprechend im Folgenden bei einem Durchgang durch die Tradition der Lebenskunst eigens hergestellt werden muss.

Epikur, der Urvater der Lebenskunst, hatte lange Zeit eine schlechte Presse, weil er als einseitig lustorientiert galt. Abgesehen davon, dass noch zu klären wäre, was daran eigentlich schlecht ist, wird so die Sicht auf diesen Autor verkürzt, der angesichts der Bedrohtheit der Welt seinen klei-

5 So spricht Martin Heidegger in seiner Spätphilosophie von einer »Gelassenheit zu den Dingen«: »In dieser Haltung sehen wir die Dinge nicht mehr nur technisch«, sondern erlangen eine »Offenheit für das Geheimnis«. In: Heidegger, *Gelassenheit*, S. 23 f.

nen Garten als Mittelpunkt seiner Existenz wählt. Epikur öffnet sich nur in begrenztem Maße den Leidenschaften und bevorzugt geradezu die Askese, um nicht in den Wechselfällen des Alltags unter die Räder zu kommen. Epikur ist ein Vertreter der Lustökonomie, der das richtige Maß in den Mittelpunkt der Lebenskunst rückt; dies schließt die Fähigkeit zur Askese ausdrücklich ein:

> Jede Lust also, da sie eine uns angemessene Natur hat, ist ein Gut, aber nicht jede ist zu wählen; wie auch jeder Schmerz ein Übel ist, aber nicht jeder muss natürlicherweise immer zu fliehen sein. Durch wechselseitiges Abmessen und durch die Beachtung des Zuträglichen und Abträglichen vermag man dies alles zu beurteilen. [...] Wir halten auch die Selbstgenügsamkeit für ein großes Gut, nicht um uns in jedem Falle mit Wenigem zu begnügen, sondern damit wir, wenn wir das Viele nicht haben, mit dem Wenigen auskommen [...]. Denn nicht Trinkgelage und ununterbrochenes Schwärmen und Genuss von Knaben und Frauen und von Fischen und allem anderen, was ein reichbesetzter Tisch bietet, erzeugt das lustvolle Leben, sondern die nüchterne Überlegung, die die Ursachen für alles Wählen und Meiden erforscht und die leeren Meinungen austreibt, aus denen die schlimmste Verwirrung der Seele entsteht.[6]

Epikurs Blick auf die Lebenskunst macht sehr deutlich, dass er den Dualismus von Verstand und Gefühl gar nicht erst entstehen lässt. Der Verstand wird für die Lust in den Dienst genommen; denn die besinnungslose Lust ist der Auftakt zum Schmerz. Deshalb empfiehlt Epikur eine verständige Klugheit; Leidenschaften mögen großartig sein, aber blind gelebt, droht der baldige Absturz. Sein Blick

6 Epikur, »Brief an Menoikeus«, in: *Von der Überwindung der Furcht*, S. 103 f.

auf die Gefühle ist von Umsicht und Klugheit geprägt – allerdings nicht als Selbstzweck, sondern im Dienste der Lust. Weil Gefühle als Involviertsein nicht vollständig in unserer Hand liegen, müssen wir geschickt mit ihnen umgehen. Die Lustbilanz ist negativ, wenn man immer nach den großen Gefühlen giert, aber im Täglichen Tränen vergießt und dem Unglück verfällt. Epikur empfiehlt, Aufwand und Ertrag in ein angemessenes Verhältnis zu setzen. Wer zu sehr oder zu einseitig auf Lust setzt, wird Schmerz ernten.

Der »Trost der Philosophie« bei Boethius wird anders begründet als bei Epikur und steht ganz in der Tradition Platons. Als zum Tode Verurteilter sucht er in der Philosophie handfesten Trost. Er findet ihn – in der Todeszelle sitzend vielleicht ganz verständlich – in der platonistischen Abwertung des Körperlichen:

> Aber schätzt die Güter des Körpers nur so hoch ihr wollt ein, wenn ihr nur das wisst: alles, was ihr bewundert, kann sich in dem bisschen Glut eines Dreitagefiebers auflösen. Aus diesem allem dürfen wir als Summe ziehen: diese Güter, die weder halten können, was sie versprechen, noch durch Vereinigung aller Güter vollkommen sind, führen nicht wie ein Pfad zum Glück und machen auch selbst nicht glücklich.[7]

Boethius findet das wahre Glück nur in Gott selbst. Dies scheint der Weg eines verzweifelten Menschen zu sein, der sich angesichts des nahen Todes – den alten Sokrates zum Vorbild nehmend – um Ruhe und Abgeklärtheit bemüht. Der philosophische Trost bei Boethius legt eine Vermeidung von beunruhigenden Gefühlen angesichts einer hoffnungslosen Lage nahe.

Ein Element hiervon findet sich auch noch in Montai-

7 Boethius, *Trost der Philosophie*, S. 96.

gnes »Philosophieren heißt sterben lernen«. Montaigne gibt der Begegnung mit dem eigenen Tod allerdings eine andere Wendung als Boethius, indem er im philosophischen Wissen um den eigenen Tod gerade die Überwindung der Verzweiflung durch die Entdeckung der Lust propagiert:

> Eine der größten Wohltaten der Tugend ist nun aber die Verachtung des Todes: Sie gibt unserem Leben eine gelassene Ruhe und lässt uns dessen reinen und lieblichen Geschmack genießen, ohne den jede andere Lust schal wird. [...] Berauben wir den Tod zunächst seiner stärksten Trumpfkarte, die er gegen uns in Händen hält, und schlagen wir dazu einen völlig anderen als den üblichen Weg ein: Berauben wir ihn seiner Unheimlichkeit, pflegen wir Umgang mit ihm, gewöhnen wir uns an ihn, bedenken wir nichts so oft wie ihn! [...] Das Vorbedenken des Todes ist Vorbedenken der Freiheit. Wer sterben gelernt hat, hat das Dienen verlernt. [...] Wer die Menschen sterben lehrte, würde sie leben lehren.[8]

Lebenskunst erfordert – entweder auf den Spuren von Boethius oder von Montaigne – eine Stellungnahme zu dem eigenen zukünftigen Tod. Während die Konfrontation mit ihm bei Boethius eher zu einer vorauslaufenden Distanzierung vom eigenen Leib und den mit ihm verbundenen Gefühlen führt, sieht Montaigne in der Allgegenwart des Todes geradezu eine Aufforderung zum besonderen Involviertsein. Für extreme Lebenssituationen mag Boethius seine Attraktion haben, aber im Kern scheint mir Montaigne heute der verlässlichere Ratgeber, weil er ein

8 Montaigne, *Essais*, S. 46 und 48 f. Vgl. Tugendhat, *Egozentrizität und Mystik*, S. 105: »Vor allem gibt der Gedanke an den jederzeit möglichen Tod der Frage, wie zu leben ist, dadurch eine besondere Schärfe, dass man angesichts eines baldigen Todes nur wenig Zeit hat. Wer nur noch wenig Zeit zu haben glaubt, setzt andere Prioritäten.«

nachdrückliches Einlassen auf die Gefühle des Genusses ermöglicht, ohne zu vergessen, dass auch sie endlich sind.

Hans Blumenberg, der selbst wenig Interesse am Thema der Lebenskunst zu erkennen gibt, arbeitet ebenfalls eher auf den Spuren von Montaigne als auf denen des Platonisten Boethius in besonders eindringlicher Form die Sinnlosigkeit der objektiven Welt heraus, die keinen Platz für eine menschliche Selbstüberhöhung kennt. Geradezu emphatisch betont er die Endlichkeit des Menschen und dessen Unfähigkeit, die Höhle auf Dauer verlassen zu können.[9] Blumenberg zeigt auf, dass die große Sinnfrage – ganz anders als Platonisten hoffen – auch durch Vernunft keine Antwort findet und wir auf die kleinen Sinnfragen verwiesen sind. In der großen Sinnfrage sieht er ein Relikt der Theologie, die mit dem Platonismus eine gedankliche Verbindung eingegangen ist und deren Leerstelle heute besser auch leer bliebe. Die vielen kleinen Sinnfragen zielen auf das Ausfüllen unserer Lebenszeit angesichts einer objektiv sinnlosen Weltzeit. Gerade weil Endlichkeit ein theologisch eingeführter Begriff ist, legt Blumenberg Wert auf die Einsicht, dass die Wahrnehmung der Endlichkeit selbst nicht theologisch verstanden wird.

Markant hat Odo Marquard den Grundgedanken Blumenbergs bestimmt als den Gedanken »der Entlastung vom Absoluten«. Die Menschen halten das Absolute nicht aus und müssten – in verschiedenster Form – Distanz zu ihm gewinnen. Blumenberg schreibe »Problemdrucksteigerungsprosa, durch die philosophische Problemlagen albtraumfähig werden«, und sehe den Tod als Freiheitsbedingung. Die knappste unserer knappen Ressourcen sei unsere Lebenszeit, die Entlastung vom Absoluten führe zum Wichtigkeitsgewinn der Endlichkeit.[10]

Der Blick auf die Gefühle mag freier werden, wenn die

9 Blumenberg, *Höhlenausgänge*.
10 Marquard, *Entlastung vom Absoluten*, S. 20. Die beiden folgenden Zitate dort S. 22 und 25. Vgl. Marquards eigenen *Abschied vom Prinzipiellen*.

Sehnsucht nach dem Absoluten – sei es in theologischer oder vernunftmetaphysischer Form – aufhört oder doch weniger wichtig wird. Gefühle sind die Agenten des Täglichen – selbst wenn es große Gefühle sind. Blumenberg selbst prägt den Begriff eines »Absolutismus der Wirklichkeit«, wonach »der Mensch die Bedingungen seiner Existenz annähernd nicht in der Hand«[11] hält und »immer weniger Zeit für immer mehr Möglichkeiten und Wünsche« hat. Die Einsicht sei unvermeidlich, »dass die Welt dieselbe wäre, wenn es uns selbst nie gegeben hätte, und alsbald dieselbe sein wird, als ob es uns niemals gegeben hätte«. Hierin sieht Blumenberg die »bitterste aller Entdeckungen, die empörendste Zumutung der Welt an das Leben«.[12] Blumenberg betont die Kostbarkeit der Lebenszeit angesichts der Weltzeit. Vor der Perspektive der Weltzeit mit ihrem Absolutismus der Wirklichkeit müssen wir uns bei der Gestaltung unserer endlichen Lebenszeit schützen. »Philosophie erweist sich als Kunst der Resignation. Sie bändigt die Energie der großen Erwartungen, deren Enttäuschung zum Umschlagen in Weltzorn verführen kann.«[13] Unser zerbrechliches Leben in der Höhle muss ohne Antwort auf die große Sinnfrage zurechtkommen; denn unser Spielfeld ist die Lebenszeit. Selbst Antworten auf Fragen zur Weltzeit könnten uns nicht wirklich weiterhelfen.

Das Buch Kohelet aus dem Alten Testament weist überraschende Parallelen zu den Gedanken von Hans Blumenberg auf; klassisch ist Kohelets Klage: »Es gibt nichts Neues unter der Sonne«.[14] Wo es schon nichts Neues und

11 Blumenberg, *Arbeit am Mythos*, S. 9. Vgl. Wetz/Timm, *Die Kunst des Überlebens*.

12 Blumenberg, *Lebenszeit und Weltzeit*, S. 73 und 75 f.

13 Blumenberg, *Höhlenausgänge*, S. 791.

14 Pred. 1,9. Die Eindeutschung des Buchtitels aus dem Alten Testament als »Kohelet« hat sich nicht allgemein durchgesetzt; neben dem griechischen »Ekklesiastes« hat vor allem Luthers Übersetzung »Prediger Salomo« Verbreitung gefunden.

keine endgültige Erlösung gibt, sind die Freuden des Daseins umso wichtiger; deshalb gibt Kohelet die folgenden Empfehlungen:

> Alles hat seine Stunde: Für jedes Geschehen unter dem Himmel gibt es eine bestimmte Zeit. [...] Ich hatte erkannt: Es gibt kein in allem Tun gründendes Glück, es sei denn, ein jeder freut sich und so verschafft er sich Glück, während er noch lebt. [...]
> Zwei sind besser als einer allein, falls sie nur reichen Ertrag aus ihrem Besitz ziehen. Denn wenn sie hinfallen, richtet einer den anderen auf. Doch wehe dem, der allein ist, wenn er hinfällt, ohne dass einer bei ihm ist, der ihn aufrichtet. Außerdem: Wenn zwei zusammen schlafen, wärmt einer den andern; einer allein – wie soll er warm werden? [...] Also: Iss freudig dein Brot und trink vergnügt deinen Wein [...]. Trag jederzeit frische Kleider und nie fehle duftendes Öl auf deinem Haupt. Mit einer Frau, die du liebst, genieß das Leben alle Tage deines Lebens voll Windhauch.[15]

»Es ist alles sinnlos [...]« – modern für das Leben als Windhauch – oder »es ist alles ganz eitel [...]«, wie Luther übersetzte, scheint vielem zu widersprechen, was in den Texten der Propheten, in den Evangelien und Paulus-Briefen in anderen Teilen des Alten und Neuen Testamentes formuliert wird. In der Tat war dieser Text oft umstritten und nicht immer gern gesehen im Kanon der biblischen Schriften.

Kohelet ist verzweifelt; er ist groß geworden in einer jüdischen Tradition, deren Grundüberzeugung er nicht mehr teilt. Die Welt um ihn herum liefert viele Indizien, dass der von der jüdischen Weisheit behauptete Tat-Ergehen-Zusammenhang so nicht besteht. Kohelet ist zum Skeptiker

15 Zitate zusammengestellt aus Pred. 3,1; 3,12; 4,9–11 und 9,7–9.

und melancholischen Intellektuellen geworden, wo doch eigenes Tun und Wohlergehen offensichtlich auseinander fallen. Die große Weltordnung gibt es nicht oder ist jedenfalls für uns nicht erkennbar. In einer solchen Lebenslage – Verlust des großen Sinns – werden viele Menschen fanatisch und fundamentalistisch: Wer sich selbst keine Fragen und wirkliche Zweifel eingesteht, ist auch brutal zu anderen. Doch Kohelet schlägt einen dritten Weg vor: Die modernen Extreme – Fundamentalismus und Nihilismus – hätten seine Zustimmung nicht gefunden. Lebensfreude im Angesicht der Endlichkeit liefert für ihn genügend Sinn. Keine Vertagungsmentalität mehr, weil erst noch das Paradies auf Erden geschaffen oder die nächste Prüfung bestanden werden muss.

Albert Camus hat einen ähnlichen Gedanken am Bild des glücklichen Sisyphos verdeutlicht: Sisyphos rollt immer wieder der soeben mühsam nach oben geschaffte Stein als Strafe der Götter den Berg hinab.[16] Eigentlich der Inbegriff des Unglücks. Camus gibt dem eine neue Deutung: Eine überdimensionierte Orientierung an der Zukunft der Menschheit und die Illusion einer ganz großen Veränderbarkeit des Lebens und der Gesellschaft geht auf Kosten des Lebensglücks des Einzelnen. Deshalb richtet Camus unser Augenmerk auf Sisyphos, der den Berg ohne Stein in Heiterkeit und mit Genuss herabsteigt. Natürlich stellt diese Umdeutung eine Provokation dar; doch sie will den Blick freimachen für den kleinen Lebenssinn, der allzu oft gegenüber dem Großen und Ganzen zu kurz kommt. Camus bezeichnet dies als mittelmeerisches Denken und meint die Leichtigkeit des Lebens, die unter der Sonne besonders gut gedeiht und die er in *Der Mensch in der Revolte* von dem verstandesorientierten Idealismus abgrenzt.[17] Für Camus sind gefühlsfeindliche Menschen ausgesprochen ge-

16 Camus, *Der Mythos von Sisyphos*, S. 98 ff.
17 Camus, *Der Mensch in der Revolte*, besonders S. 241 ff.

fährlich. Hart an der Grenze zum Klischee hat er gerade in der deutschen Tradition viele dünnlippige Prinzipienreiter ausgemacht. Besonders die Vertreter des Deutschen Idealismus und des Materialismus wie Hegel und Marx verbreiten für ihn Tiefsinn ohne Frohsinn. Große Abstraktionen, allzu große Ziele neigen zum Fanatismus (oder zum Umkippen in nihilistische Enttäuschung). Wer das gute Leben und den Genuss für sich selbst nicht kennt, quält auch andere umso leichter. Deshalb steckt in Kohelet und Camus gleichermaßen ein *carpe diem*: Camus' glücklicher Sisyphos wirbt wie Kohelet für das Leben im Hier und Jetzt. Leben in der Revolte nennt Camus dies und grenzt es von der über Leichen gehenden Revolution ebenso ab wie von der allzu ruhigen Akzeptanz des Bestehenden. ›Sinnenfroher Kampf gegen das Übel in der Welt im Wissen um die Endlichkeit‹, lautet seine Parole.

Die letztgenannten Überlegungen fördern die Aufmerksamkeit für Gefühle gerade im Täglichen, weil ihr Überspringen zugunsten des Weltganzen in Frage gestellt ist. Es bleibt allerdings unspezifisch, welche Gefühle dabei zur Geltung kommen. Philosophische Autoren, die zur Moralistik gerechnet werden, haben sich demgegenüber in ihrer Beschäftigung mit den Sitten und Gebräuchen auch der Frage zugewandt, ob sich Gefühle erziehen und kultivieren lassen.[18] Gerade weil leiblich-seelisches Involviertsein zu Aufgeregtheit und Verstrickung führen kann, macht es Sinn, über die Formen des Involtviertseins nachzudenken, ohne Gefühle prinzipiell zu verdrängen oder zu vermeiden. In der Moralistik wird versucht, durch Reflexion auf Leidenschaften einzuwirken und das Leiden an ihnen zu verringern: Die Veränderbarkeit der Menschen wird ähnlich zurückhaltend wie bei Blumenberg, Kohelet und Camus beurteilt; deshalb beobachten die Moralisten mehr, als dass sie moralisierend verurteilen. In der französischen

18 Vgl. Zimmer, *Die europäischen Moralisten.*

Moralistik ist es insbesondere François La Rochefoucauld, der das Ideal des *honnête homme* propagiert hat. In der Bedeutung dieses Begriffes haben wir es mit einer Spannweite zu tun, die von ›anständig‹, ›ehrbar‹ und ›rechtschaffen‹ bis hin zum Passenden und Angemessenen reichen. Wenn man sich in der Übersetzung nicht zu sehr der Assoziation des Wohlanständigen überlässt, erschließt sich die Nähe des *honnête homme* zum Ideal einer umfassenden Bildung. Auch wenn die Zeitgenossen La Rochefoucaulds primär, wenn nicht gar ausschließlich an den anständigen Mann gedacht haben, fällt es heute nicht schwer, den Grundgedanken dieses Ideals gleichermaßen auf Männer und Frauen zu beziehen. Dabei geht es nicht nur um den Verstand, sondern auch um die Bildung des Herzens und der Gefühle. Wie bei anderen Moralisten stoßen wir auf keine abstrakten Prinzipien, sondern auf Einschätzungen des Zuträglichen und des Angemessenen; vernünftige Urteilskraft gehört zum *honnête homme* dazu, um das richtige Maß ausfindig zu machen. Der Umgang mit den eigenen Leidenschaften mag ein Ritt auf dem Vulkan und letztlich ohne Hoffnung auf Erfolg sein, trotzdem sind die Moralisten in ihren Reflexionen und Maximen optimistisch, dass Gefühle sich gestalten, erziehen und kultivieren lassen. Der *honnête homme* verkörpert das Ideal eines Menschen, der nicht nur vom Verstand dominiert wird, sondern sich der Herzensbildung öffnet.

In Deutschland greift Georg Christoph Lichtenberg die Gedanken der französischen Moralisten auf und äußert sich skeptisch zur äußerlich bleibenden Verstandesbildung und zum bloß rezeptiven Studium beispielsweise der Antike. Stattdessen empfiehlt er eine Gefühls- und Herzensbildung, die sich zugleich nicht gegen die Welt abschottet:

> Studiert euch selbst erst [...], lernt euer Gefühl entwickeln [...]. Mancher Mann quält sich seine Lebenszeit, studiert sich frigid und impotent über die Entwicklung

der Meinung eines Schriftstellers. [...] Der Grund von allem ist die Beobachtung und Kenntnis der Welt, und man muss viel selbst beobachtet haben, um die Beobachtungen anderer so gebrauchen zu können, als wenn es eigne wären, sonst liest man sie nur und sie gehen ins Gedächtnis, ohne sich mit dem Blut zu vermischen. [...] Man lasse nur einströmen, ohne Vorurteil, in unsern sinnlichen Werkzeugen liegt der Fehler nicht, wenn wir superklug oder Gecken sind, sondern in unserm Lesen und Vorurteilen. [...] Jedermann sollte wenigstens so viel Philosophie und schöne Wissenschaften studieren, als nötig ist, um sich die Wollust angenehmer zu machen.[19]

In der Gedankenwelt der erzogenen Gefühle kommt über die Angemessenheit auch das antike Motiv des Maßes wieder zur Geltung. In der Lebenskunst spielt Maß eine große Rolle, weil so die Vielfalt des Lebens an Lebbarkeit gewinnt, ohne die Gefühle einer klischeehaften Erlebnisorientierung überlassen zu müssen. Der Maßgedanke knüpft an Motive der Lustökonomie bei Epikur an, auch Lichtenberg ist einschlägig: »Mäßigkeit setzt Genuss voraus, Enthaltsamkeit nicht. Es gibt daher mehr enthaltsame Menschen als solche, die mäßig sind.«[20] Michel Houellebecq beschreibt die Folgen eines fehlenden Maßes: »Jeder, angetrieben von einer schmerzlichen Sehnsucht, verlangt vom anderen weiterhin das, was er nicht mehr sein kann, setzt wie ein irregeführter Geist die Suche nach dem Gewicht des Seins fort, das er in sich selbst nicht mehr findet. Nach Beständigkeit, nach Dauerhaftigkeit, nach Tiefe. Jeder scheitert natürlich, und die Einsamkeit ist schrecklich.«[21] Die Einsamkeit mag desto größer sein, je mehr ohne jedes Maß von der Geselligkeit erwartet wird: Erwar-

19 Lichtenberg, *Aphorismen*, S. 123, 125, 125 f., 127 und 138.
20 Ebd., S. 138.
21 Houellebecq, *Die Welt als Supermarkt*, S. 72.

tungsüberlastung vergrößert den Schmerz der Nicht-Erfüllung; statt ihr zu erliegen, steht es uns offen, eine »neue Diät« der maßvollen Erwartung zu praktizieren.

Der Maßgedanke steht im Mittelpunkt von Michel Foucaults Ästhetik der Existenz, die dieser in Auswertung antiker Quellen formuliert: Unter Ästhetik der Existenz »ist eine Lebensweise zu verstehen, deren moralischer Wert nicht auf ihrer Übereinstimmung mit einem Verhaltenscode und auch nicht auf einer Reinigungsarbeit beruht, sondern auf gewissen Formen oder vielmehr auf gewissen allgemeinen formellen Prinzipien im Gebrauch der Lüste, auf ihrer Aufteilung, Begrenzung und Hierarchisierung«.[22] Zum Maßgedanken gehören die Praktiken der Diät dazu, die Foucault als eine Art Existenztechnik begreift: »Die Praxis der Diät erfordert eine ›umständliche‹ Wachsamkeit, eine sowohl scharfe wie auch umfassende Aufmerksamkeit auf die Außenwelt, ihre Elemente, ihre Empfindungen: also das Klima, die Jahreszeiten, die Tagesstunden, Feuchtigkeit und Trockenheit, Wärme oder Frische, die Winde, die Besonderheiten einer Region, die Lage einer Stadt.«[23] Diät und Maß dürfen zum Verständnis von Foucaults Rezeption der Antike nicht primär in einer umgangssprachlichen Bedeutung als Askese und als Streben nach Gewichtsabnahme genommen werden. Richtiger ist die Assoziation eines genussvollen Essens, das viel weniger zum Übergewicht führt als der karge, aber fettreiche Imbiss. Foucaults Konzept von Maß und Diät jedenfalls stellt keine prinzipiellen Gebote oder Verbote auf, sondern erkundet das Zuträgliche. Das Zuträgliche der Dosis ist allerdings von jedem selbst durch Erfahrung zu bestimmen und dann durch vernünftige Reflexion zu bewerten. Dabei steht der Maßgedanke für die Vermeidung von Einseitigkeiten und für eine Orientierung an der allseits gebildeten

22 Foucault, *Der Gebrauch der Lüste*, S. 118. Vgl. Schmid, *Auf der Suche nach einer neuen Lebenskunst*.

23 Foucault, *Der Gebrauch der Lüste*, S. 138.

Person auf den Spuren des *honnête homme*. Statt alle Kraft auf die Bildung von Verstand oder Gefühl zu richten, lautet das Bildungsziel, ein verständiger *und* gefühlvoller Mensch zu werden (der gleichzeitig das richtige Maß für sich durch Vernunft und Urteilskraft bestimmen kann): *Der einseitige Mensch lebt verkehrt.* Die Vielfalt der Fähigkeiten ist allerdings nur im Verein mit dem Gedanken des richtigen Maßes lebbar, der auf einen eigenen Rhythmus zielt und der sehr weit entfernt ist vom heutigen Umschlagen der Rationalisierung in kompensatorischen Gefühlsüberschwang und Erlebniszwang.

Die Aufforderung der Lebenskunst »Lebe auf die Dauer nicht gegen die eigenen Gefühle!« legt nahe, die eigenen Gefühle nicht nur widerwillig und mit schlechtem Gewissen zu akzeptieren, sondern sie ganz bewusst ins eigene Selbstbild zu integrieren. Der Mensch lässt sich in Verbindung von Immanuel Kants und Hans Blumenbergs Metaphern als »krummes Holz in der Höhle« begreifen. Der zerbrechliche Mensch überlastet sich mit einem verstandesidealistischen Selbstanspruch und ist vom Irrationalismus bedroht, wenn er das Hier und Jetzt der Gefühle ignoriert.

9. Haben Gefühle Recht, und ist der Mensch ihnen gegenüber frei?

Es war vielleicht nicht sonderlich logisch, aber Gefühle waren nun einmal Gefühle: Sie konnten nicht überstimmt werden.[1]

Brian Morton

Meine komischen Gefühle von voriger Woche kommen mir heute ziemlich lächerlich vor: ich kann mich nicht mehr in sie hineinversetzen.[2]

Jean-Paul Sartre

Sein Leben spielt sich im Rahmen seines Einkommens, seines Temperaments, seiner emotionalen Möglichkeiten ab.[3]

J. M. Coetzee

Die Bedeutung der Gefühle für Menschen und ihre Handlungen herauszuarbeiten und eine Abwertung der Gefühle im traditionellen philosophischen Menschenbild zu kritisieren, heißt keineswegs, Gefühle als einzig verlässlichen Kompass etablieren zu wollen. Die Antwort auf die erste Frage der Überschrift lautet also: Nein! Es gibt sowohl Gefühle, die Recht haben, als auch solche, die Unrecht haben. Der Antrieb, die Dynamik, die Power zum Handeln, kurz die Farbe des Lebens liegt in den Gefühlen. Als Kompass für die Richtung, die es im Leben einzuschlagen gilt, sind Gefühle allein nicht verlässlich; sie können genauso in die Irre führen wie der Verstand auch. Gefühle sind der Interpretation bedürftig und keineswegs selbst-verifizierend.

1 Morton, *Begegnung am Abend*, S. 78.
2 Sartre, *Der Ekel*, S. 10.
3 Coetzee, *Schande*, S. 7.

Die Einsicht oder ein rationaler Plan einerseits und die Gefühle andererseits können deutlich gegensätzlich sein. So mancher Schauspieler erzählt noch im hohen Alter von dem immer neuen Lampenfieber vor dem Auftritt, vielleicht sogar der Angst vor dem Scheitern, die in der schlaflosen Nacht hochkommt. Aufgeregtheit und Angst können beide starke Gefühle sein, die jemanden geradezu handlungsunfähig machen. Doch es ist vielleicht manchmal besser, ihnen gleichwohl nicht Recht zu geben. Hätte der Schauspieler diese Gefühle befolgt, wäre unser Interesse, ihm oder ihr im hohen Alter zuzuhören und den Geschichten über Lampenfieber vor jedem Auftritt Aufmerksamkeit zu schenken, nicht besonders groß. Es ist für diesen Schauspieler vermutlich gut gewesen, seinen oder ihren Gefühlen nicht zu folgen. Als Kompass sind sie ungeeignet gewesen. Dramatischer ist das Beispiel der Angst eines legitimen Widerstandskämpfers vor dem Attentat auf den großen Tyrannen. Muss man nicht bei aller unterstellten Tapferkeit annehmen, dass er oder sie nach der unmittelbaren Gefühlslage dieses Attentat lieber vermieden hätte (auch unabhängig von moralischen Skrupeln einer Tötung)? Wird nicht die Angst dem Täter immer wieder den Magen umdrehen? Ist es nicht in diesem Fall so, dass wir eine solche Tat gegen einen wirklichen Tyrannen deshalb lobenswert finden, weil sie auf der Basis der Einsicht in das Verbrecherische des Regimes erfolgt und so jedenfalls bestimmte Gefühle ignoriert? Offensichtlich ein Fall, in dem Gefühle keinen Kompass liefern. Diese Aussage wird auch nicht grundsätzlich relativiert durch den Hinweis auf Gefühle, die die Lage der Opfer des Tyrannen einbeziehen.

Sowohl das Beispiel des Schauspielers als auch des Attentäters lassen sich variieren: Ein Schauspieler – wenig geeignet zu seinem Beruf – kann die Gefühle des Lampenfiebers als Anlass nehmen, die Berufswahl zu überdenken. Dauerhaft starkes Lampenfieber kann also sowohl ein Fingerzeig sein, von diesem Beruf überfordert zu sein, als auch eine normale, je neu zu überwindende Begleiterscheinung dieses Berufes. Und Terroristen, die sich nur als Akteure gegen die Tyrannei stilisieren: Würden wir uns nicht wünschen, sie wären auch ihrer vermutlich vorhandenen Angst vor der Tat gefolgt, hätten sie gar als Anlass genommen, die Tat nicht auszuführen? Die Beispiele lassen sich drehen und wenden; eines bleibt deutlich: Die Gefühle von Schauspielern und Attentätern gleichermaßen sind kein ausschließliches Indiz für die Richtigkeit oder Falschheit ihrer Tat. Gefühle allein reichen überhaupt nicht aus, richtige von falschen Handlungen zu unterscheiden. Gefühle sind in dieser Hinsicht Material für die Urteilskraft und für eine rationale Reflexion, die entscheidet, ob die Gefühle Recht oder Unrecht haben.

Lebt an dieser Stelle nicht der alte Dualismus von Verstand und Gefühl wieder auf, wenn in den vorgenannten Beispielen ein Konflikt zwischen Einsicht und Gefühlen behauptet wird? Richtig ist, dass die verschiedenen Teile des Menschen nicht konfliktfrei in die gleiche Richtung weisen. Um einen Dualismus von Verstand und Gefühl handelt es sich gleichwohl nicht, weil es Gefühle und Verstand in jeweils reiner Form gar nicht gibt. Die überkommene begriffliche Unterscheidung verdeckt, dass es in Gefühlen kognitive Anteile und im Verstand gefühlsmäßige gibt. Auch wenn in jedem Gefühl kognitive Anteile stecken, sind sie keineswegs immer Agenten der wahren Erkenntnis.

Wenn Gefühle nicht immer Recht haben, bedarf es allerdings eines Maßstabes, wie sich das feststellen lässt. Diesen liefern im Prinzip weder Gefühl noch Verstand, sondern die Einsicht, die zur Vernunft als Reflexionsbegriff zu rechnen ist. Verweist die Bedeutung der Einsicht auf einen neuen Dualismus von Gefühl und Vernunft, wenn schon der alte Dualismus von Gefühl und Verstand als überwunden gilt? Auch diese Frage ist zu verneinen, denn es gibt keinen notwendigen Gegensatz von Vernunft und Gefühlen, sondern Gefühle können selbst vernünftig sein.[4] Da nicht von vornherein feststeht, dass sie es immer sind, muss mit Vernunft und Urteilskraft eine andere Instanz gedacht werden, die über den Maßstab des Richtigen zwar nicht verfügt, aber doch im Nachdenken um ihn ringt. Auch wenn die vernünftige Urteilskraft selbst nicht immer fehlerfrei und ohne Subjektivität arbeitet, ist sie doch als Instanz vorhanden, die zu den Gefühlen zustimmend oder ablehnend Stellung nimmt.

Hat die vernünftige Einsicht überhaupt eine Chance, sich gegen anderslautende Gefühle durchzusetzen? Die erste Frage der Überschrift dieses Kapitels verweist so auf die zweite. Selbst wenn Gefühle normativ und erkenntnistheoretisch keineswegs immer Recht haben, sind sie vielleicht trotzdem unvermeidlich und setzen sich gegen die Einsicht durch. In der philosophischen Tradition gibt es die Debatte, ob eine kognitive auf Vernunft gegründete Ethik möglich ist. Ohne in dieser Debatte hier Stellung nehmen zu wollen, lässt sich doch die Differenzierung anmerken, dass selbst eine kognitive Ethik nicht die Gewähr dafür bietet, dass wir in Handlungen der Einsicht in das Gute dann auch folgen. Die in der kognitiven Ethik unterstellte Einsichtsfähigkeit führt noch nicht zu einer Beachtung ihrer vernünftigen Regeln. So wird die Frage dringlich: Sind wir gegenüber unseren Gefühlen frei, oder entziehen sie sich unserer Steuerbarkeit?

Freiheit ist ein vieldeutiges Wort; unser Thema hat nichts mit der politischen Freiheit oder der ökonomischen Freiheit zu tun. Diese Formen der Freiheit entstammen anderen Themengebieten. Im klassischen Sinne geht es um die Willensfreiheit, also um die Frage, ob wir frei (und quasi beliebig) wollen können, was immer wir auch wählen. Von Albert Einstein stammt die Bemerkung: »Ein Mensch kann zwar tun, was er will, aber nicht wollen, was

4 Siehe noch im Kapitel 10.

er will.«[5] Einstein unterscheidet damit prägnant Handlungs- und Willensfreiheit: Die Handlungsfreiheit bezeichnet das Freisein von Hindernissen, nachdem ein Wille zur Handlung bereits formuliert ist. Die Willensfreiheit markiert demgegenüber die Freiheit von Determinationen vor der Formulierung eines eigenen Willens.

Das Thema der Willensfreiheit in der Philosophie ist von drei Möglichkeiten geprägt, die auch für Gefühle von Bedeutung sind:

(1) Gefühle als natürliche Determinationen des Menschen machen diesen unfrei (These der Determination)
(2) Der Mensch ist auch noch gegenüber seinen eigenen Gefühlen frei und kann sie wollen oder nicht (These der Willensfreiheit)
(3) Gefühle bedingen den Menschen, und nur im Einklang mit diesen kann er leben und in einem zu klärenden Sinne auch frei sein (These der bedingten Freiheit)

Neurobiologen werden meist so verstanden, dass sie die harte These der Determination vertreten. Demnach hätten wir gegenüber unserem eigenen Innenleben – beispielsweise unseren Gefühlen – keine andere Chance, als ihnen zu folgen. Mit Blick auf Gerhard Roth lässt sich verdeutlichen, dass auch eine andere Lesart möglich ist. Roth spricht geradezu von der besonderen Fähigkeit des Menschen zur Selbststeuerung und zur Autonomie, die er allerdings nicht im Sinne der klassischen These der Willensfreiheit gedeutet wissen will, denn die dem Menschen allein zugestandene Autonomie gilt ihm damit als unverträglich.[6] Eine These der Willensfreiheit im Sinne der klassischen Philosophie wäre mit den Ergebnissen gegen-

5 Zit. nach Ferber, *Philosophische Grundbegriffe* 2, S. 170. Einstein verwendete dieses auf Schopenhauer zurückgehende Zitat in seinem »Glaubensbekenntnis«, das er im September 1932 auf Schallplatte sprach.

6 Roth, *Fühlen, Denken, Handeln*, S. 448 f.

wärtiger Neurobiologie tatsächlich nicht vereinbar. Solche Formulierungen klassischer Willensfreiheit finden sich beispielsweise bei René Descartes und bei Immanuel Kant. Bei Kant heißt es in der Freiheitsantinomie der *Kritik der reinen Vernunft*: »Die Kausalität nach Gesetzen der Natur ist nicht die einzige, aus welcher die Erscheinungen der Welt insgesamt abgeleitet werden können. Es ist noch eine Kausalität durch Freiheit zur Erklärung derselben anzunehmen notwendig.«[7] Zwar lässt Kant theoretisch durchaus offen, ob eine solche Freiheit nur ausgedacht oder empirisch wirklich ist.[8] Doch das Zitat verdeutlicht gleichwohl die hohe Hürde, die eine klassische These der Willensfreiheit nehmen muss: Die natürlichen Determinationen müssen bei einer Handlung aus Freiheit aufgehoben sein. Und an diesem Punkt ist Kant ähnlich radikal wie in seinen Aussagen zu Gefühl und Verstand, Pflicht und Neigung: Eine Handlung aus Pflicht darf keinerlei Beimischung von Neigung haben. Analog dazu muss eine freie Handlung ganz ohne Determination sein. Freie Handlungen erfordern eine Kausalität eigener Art, die außerhalb des Naturzusammenhanges und der dort anzutreffenden Kausalität steht.

In der klassischen Philosophie vertritt allerdings ein Autor wie Baruch de Spinoza (ebenso wie David Hume) durchaus eine Position, die es leichter macht, dem Menschen Willensfreiheit zu attestieren: »Dasjenige Ding heißt frei, das allein aus der Notwendigkeit seiner Natur heraus existiert und allein von sich her zum Handeln bestimmt

7 Kant, *Kritik der reinen Vernunft*, S. 426 f. [A 444 / B 472].

8 Bei Kant gehören Gott, Freiheit und Unsterblichkeit zu dem Bereich der theoretischen Philosophie, der den Bereich sicherer Erkenntnis überschreitet und deren Behandlung deshalb aporetisch bleiben muss. Im Rahmen der praktischen Philosophie versucht Kant jedoch mit einer Freiheitsunterstellung zu arbeiten, die eine Gleichsetzung der freien und vernünftigen Handlungen vornimmt. Auf das Thema der Freiheit bei Kant innerhalb der praktischen Philosophie gehe ich hier nicht ein.

wird; notwendig oder eher gezwungen dagegen dasjenige, das von einem anderen bestimmt wird, auf bestimmte und geregelte Weise zu existieren und etwas zu bewirken.«[9] Wenn Freiheit die Übereinstimmung mit der eigenen Natur ist, dürfte es nicht allzu schwer sein, diesen Freiheitsbegriff mit der heutigen Neurobiologie in Einklang zu bringen. Gerhard Roth hebt die Fähigkeit zur »Verhaltensüberwachung, Fehlerkorrektur und Impulskontrolle« hervor und folgert dann für die Vernunft des Menschen: »So werden wir in begrenzter Weise fähig, unser Temperament und unsere Emotionen zu zügeln, also unsere starke Enttäuschung nicht so stark in Wut und Aggression enden zu lassen, unsere Furcht ein wenig einzudämmen und unsere überschäumende Freude etwas zu zügeln. Diese Kontrolle ist nicht perfekt – sonst wären wir keine echten Menschen.«[10] Freie Handlungen können so als Handlungen bezeichnet werden, die auf eine bestimmte Art und Weise determiniert sind. Während reflexhafte und ohne Überlegung spontan ausgeführte Handlungen als weniger frei anzusehen wären, könnten Handlungen nach genauer Erwägung als frei gedeutet werden. Willensfreiheit ist dann die grundsätzliche Fähigkeit des Menschen, gegenüber den eigenen Impulsen Stellung nehmen zu können. Nicht jeder Impuls und auch nicht jedes Gefühl muss sofort in die Tat umgesetzt werden. Die Fähigkeit zur Unterbrechung ist eine Fähigkeit zur Nachdenklichkeit. Diese Fähigkeit ist uns – qua Ausstattung unseres Gehirns – von Natur aus gegeben und kulturell aneignungsfähig. Der Mensch ist von Natur aus ein Freiheitswesen.

In der These der bedingten Freiheit wird Willensfreiheit zu etwas Graduellem. Klassisch konnte Willensfreiheit wie eine Schwangerschaft nur ganz zu- oder abgesprochen

9 Spinoza, *Ethik*, S. 7.
10 Roth, *Aus Sicht des Gehirns*, S. 149 f.

werden. Eine graduell verstandene Willensfreiheit ermöglicht demgegenüber Urteilskraft, die abschätzt, ob jemand willensfrei oder gezwungen gegenüber seinen Gefühlen agiert. Auf diese Art und Weise können wir auch zu unseren Gefühlen stehen und müssen uns nicht als Wesen stilisieren, die unbedingt auch gegenüber den eigenen Gefühlen noch Freiheit behalten wollen. Allerdings verdient nicht jedes Gefühl Beachtung. Deshalb ist es gut, gelegentlich einigen Gefühlen auch nicht zu folgen.

»Die Freiheit des Willens liegt darin, dass er auf ganz bestimmte Weise bedingt ist: durch unser Denken und Urteilen«, so formuliert Peter Bieri die These einer bedingten Freiheit als Bestimmtwerden des Willens durch Überlegen und Phantasie.[11] Wir sind nach Bieri also keineswegs immer frei, schon gar nicht gegenüber unseren Gefühlen. Nur wenn wir auf bestimmte Art und Weise zu unseren Handlungen kommen, macht der Ehrentitel der Freiheit überhaupt Sinn; denn »unser Wille entsteht nicht im luftleeren Raum«, sondern »welche unserer Wünsche handlungswirksam werden, hängt von vielen Dingen ab, die nicht in unserer Verfügungsgewalt liegen«, so dass die Freiheit des Willens seine Bedingtheit geradezu verlangt: »Wenn man den Gedanken ins Zentrum rückt, dass die Freiheit des Willens seine richtige Bedingtheit ist und seine Unfreiheit die falsche, dann fügen sich die begrifflichen Elemente zu einem stimmigen Bild zusammen.«[12] Bieri entwirft ein Bild, nach dem wir uns nicht von selbst in einer Situation der Freiheit vorfinden. Freiheit muss mit Anstrengung errungen werden: »In diesem Sinne ist man nach einer Entscheidung ein anderer als vorher. Dieser gestaltende, schöpferische Aspekt des Entscheidens beruht [...] auf der Fähigkeit, einen inneren Abstand zu uns selbst

11 Bieri, *Das Handwerk der Freiheit*, S. 80 und 161.
12 Ebd., S. 49 und 159.

aufzubauen und uns dadurch in unserem Willen zum Thema zu werden.«[13]

Aus Bieris Überlegung folgt, dass wir uns nur im Befolgen von gebilligten Gefühlen als frei erleben. Gefühle, die wir missbilligen, prägen uns zwar; wir erleben es aber als Unfreiheit, ihnen ausgesetzt zu sein. Bei Bieri findet sich allerdings nach dieser – wie ich finde überzeugenden Ausführung – eine merkwürdige, geradezu verräterische Formulierung: »Willensfreiheit ist ein Stück weit *Glückssache*. [...] Sich seinen Willen anzueignen ist ein holpriger Prozess mit Rückschlägen.«[14] Ist das hier »Glückssache« Genannte selbst vielleicht wieder ein Prozess der Determination? Ja, vermutlich! Deshalb müsste Bieri zugeben, dass die Fähigkeit zur Willensfreiheit selbst in einem Kontext der Determination steht. Und genau dieses habe ich bereits formuliert mit der Aussage: Wir sind frei als determinierte Naturwesen.

Bieris Grundmotiv der Aneignung lässt sich übertragen auf Gefühle: Erst die Gefühle, die wir uns in der Deutung als die unseren aneignen, sind die Gefühle, mit denen wir uns identifizieren können. Zwar möchte ich wegen der eigentumsorientierten Redeweise der ›Aneignung‹, die das Angeeignete als etwas Fremdes darstellt, den Ausdruck der angeeigneten Gefühle nicht wirklich übernehmen und verteidigen. Die Grundidee Bieris scheint mir aber richtig zu sein. Solange Gefühle als bloßes Widerfahrnis empfunden werden, sind sie nicht unsere Gefühle. Nur zu angeeigneten Gefühle bekennen wir uns; so wählen wir aus dem Spektrum der Gefühle diejenigen aus, die zu uns passen. Dieser Vorgang erfolgt nicht willkürlich und nicht frei im

13 Ebd., S. 382. Vgl. S. 413: »In dem Maße, in dem ein Selbst aus der Artikulation und dem Verstehen des Willens entsteht, hat seine Ausbildung etwas damit zu tun, dass wir den anderen und uns selbst erzählen können, wie wir geworden sind. Aber man sollte es mit dem suggestiven Gedanken, dass ein Selbst wie ein erzählerisches Gravitationszentrum ist, nicht übertreiben.«

14 Ebd., S. 415.

Sinne der klassischen Lehre der Willensfreiheit, sondern es handelt sich um eine angeeignete Freiheit.[15]

Die Behauptung der Willensfreiheit unterstellt immer den Satz »Er/sie hätte anders handeln können«. Lässt sich daraus schließen, das Handeln sei willkürlich, zufällig, ohne Ursache, also undeterminiert? Wohl nicht! Gehört der Satz überhaupt zu einer These der Willensfreiheit notwendig dazu? Harry Frankfurt hat jedenfalls darauf verzichtet, das »Er/sie hätte anders handeln können« noch zu behaupten.[16] Für ihn reicht es aus, in Wünschen zweiter Ordnung – wie er es nennt – bestimmte Wünsche erster Ordnung zu billigen oder zurückzuweisen. Gegen seinen Verzicht wird jedoch zu Recht ein Einwand erhoben: »Was Frankfurt tatsächlich definiert, ist eine besondere Art der vielen Arten der *Handlungsfreiheit* [...]: Frankfurts Willensfreiheit ist die Freiheit, seinen Willen oder Charakter *entsprechend den Idealen, die man hat*, zu bilden.«[17] Angesichts dieses Einwandes scheint es mir wichtig zu sein, die angebotene Lesart der Wünsche zweiter Ordnung doch mit dem »Er/sie hätte anders handeln können« vereinbar zu machen. Insofern unsere Wünsche zweiter Ordnung bestimmte Wünsche erster Ordnung billigen oder zurückweisen können, setzen wir uns durch Überlegung und Phantasie in die Lage, uns in Maßen frei gegenüber den eigenen Wünschen zu verhalten. Es wäre zu formulieren: »Er/sie hätte anders handeln können, wenn er/sie sich anders entschieden hätte.« Diese Formulierung scheint mir sogar neurobiologisch anschlussfähig zu sein; denn durch die auch von Roth prinzipiell akzeptierte Impulskontrolle unterwerfen wir gelegentlich einige Wünsche der Prü-

15 Lichtenberg, *Aphorismen*, S. 121 f.: »Der gewöhnliche Kopf ist immer der herrschenden Meinung und der herrschenden Mode konform, er hält den Zustand, in dem sich alles jetzt befindet, für den einzig möglichen und verhält sich leidend bei allem. [...] Dem großen Genie fällt überall ein: *könnte auch dieses nicht falsch sein?*«

16 Vgl. Betzler/Guckes (Hrsg.), *Autonomes Handeln*.

17 Steinvorth, *Freiheitstheorien in der Philosophie der Neuzeit*, S. 267.

fung – und entscheiden uns gegen sie. So können wir manchmal auch anders, sofern Wünsche (stellvertretend genannt für alle Gefühle) zum Gegenstand einer Entscheidung gemacht werden. Eine ganz andere Frage ist, ob wir es dann schaffen, dieser Entscheidung gegen einen Wunsch erster Ordnung auch zu folgen. Ob also die Kontrolle des Impulses mit Erfolg aufrechterhalten werden kann. Hier wird das klassische Thema der Willensschwäche berührt, so wie es schon von Aristoteles behandelt worden ist. Willensschwäche heißt: Wir treffen willensfrei auf der Basis von Wünschen zweiter Ordnung eine Entscheidung – und beachten sie nicht. Dies ist jedoch kein begriffliches Problem, sondern Ausdruck eines realen Konfliktes. Deshalb ist es gut, diesen Konflikt auch wahrnehmen und beschreiben zu können. Die Willensschwäche markiert dann eine Situation der Unfreiheit – einen Rückfall in die Determination sozusagen.

Auch wenn bis hierher überwiegend von Wünschen die Rede gewesen ist, gilt das Gesagte auch für Leidenschaften, Emotionen, Stimmungen und Empfindungen. An der prinzipiellen Beeinflussbarkeit von Gefühlen ändert sich auch dann nichts, wenn wir beispielsweise einen Schmerz wie Migräne auf Anhieb praktisch gar nicht abstellen können. Die Gradualität eines Einflusses auf Gefühle kann von »fast gar nicht« bis »wider Erwarten erstaunlich groß« reichen. Gefühle sind etwas Besonderes – jedenfalls in unserem subjektiven Erleben. Gleichwohl können wir beobachten – mehr bei anderen als an uns selbst –, wie stark hinter dem als besonders Erlebten allgemeine Mechanismen der Entstehung von Gefühlen stehen. Dies gilt für natürliche Bedingungen der Gefühle ebenso wie für ihre kulturelle Konstitution.

10. Vernünftige Gefühle

Es ist vernünftig, in etwas involviert zu sein. Insofern Gefühle für ein leiblich-seelisches Involviertsein stehen, gilt dies auch für sie selbst, so dass der Welt Bedeutung zukommt und einzelne Erlebnisse wichtig werden. Gefühle führen zu Bindungen und schaffen damit auch Abhängigkeiten; nur so erschließt sich aber eine Wichtigkeitsbesetzung und ein Sinn des Lebens. Die bloße Coolness des Verstandes hat demgegenüber die Wirkung einer Vergleichgültigung. Ein Leben ohne Gefühle wäre nicht gelungen, weil es ein Leben beziehungsloser Zombies wäre. Nicht die unparteiliche Distanz zu allem ist anzustreben, sondern die Fähigkeit zum gefühlsmäßigen Einlassen auf Besonderes.

Manches Involviertsein führt allerdings zu Verstrickungen, die vernünftigerweise zu vermeiden sind. In diesem Spannungsfeld markiert die Überschrift eine gewollte Doppeldeutigkeit: Zum einen wird zum Ausdruck gebracht, dass Gefühle insgesamt für den Menschen etwas Vernünftiges sind. Gefühle erschließen die Welt; ohne Gefühle wäre der Mensch vermutlich ein ganz hilfloses Wesen. Gefühle sind keineswegs irrational. Zum anderen ist zu betonen, dass es viele Gefühle gibt, die mit dem Ehrentitel des Vernünftigen ausgezeichnet werden können, insofern Vernunft und Urteilskraft als Reflexionsbegriffe verstanden zu den Gefühlen Stellung nehmen können. Vernünftige Gefühle sind die reflektiert angeeigneten Gefühle, die vor unserem Selbstbild bestehen können und die in einem normativen Sinne als authentisch einzustufen sind. Andere Gefühle sind allerdings nicht deshalb gegenstandslos, bloß weil wir sie als unvernünftig bezeichnen. In reine Harmonie lässt sich das Verhältnis der Gefühle zu Vernunft und Urteilskraft nicht auflösen: Konflikte zwischen vernünftiger Einsicht und einer als unvernünftig erlebten Wichtigkeitsbesetzung lassen sich nicht begrifflich klären. Sie stehen für reale Konflikte des Lebens.

Gibt es zusätzlich nicht auch den Grenzfall, dass wir Gefühle zum Beispiel im Rausch gerade faszinierend finden, obwohl sie unvernünftig sind? Ein solcher Konflikt kann fortbestehen, selbst wenn die einfache Entgegensetzung von Gefühl und Verstand nicht mehr leitend ist, sondern Vernunft als Reflexionsbegriff verstanden wird. Wollen wir nicht gelegentlich Feierabend von uns selbst haben? Auch wenn dies sogar manchmal vernünftig sein mag, würde der Begriff der Vernunft zu sehr verschwimmen, wenn dies auch noch begrifflich integriert würde. Deshalb schlage ich vor, dass die Charakterisierung als vernünftig nicht immer als letztinstanzliches Positivurteil fungiert. Auch unvernünftige Gefühle gibt es nicht nur, sondern sie finden gelegentlich unsere Zustimmung.

Der häufiger eintretende Fall ist jedoch, dass wir erwünschte Gefühle als vernünftig charakterisieren und abgelehnte Gefühle als unvernünftig. Diese Einteilung können wir vornehmen, ganz unabhängig von der Frage, ob unvernünftige Gefühle sich von dieser Einschätzung beeindrucken lassen und uns den Gefallen tun, quasi zu verschwinden. In der Regel wird dies nicht der Fall sein. Gefühle bleiben als Gefühle wirksam, auch wenn wir sie unvernünftig finden. Die Pointe einer potentiellen Vernünftigkeit der Gefühle ist eine andere, nämlich die umgangssprachlich und traditionell so empfundene Gegenstellung von Vernunft und Gefühl aufzuheben: Gefühle sind im Prinzip mit der Vernunft vereinbar.

Mit dem Begriff der vernünftigen Gefühle lässt sich zugleich erläutern, weshalb eine rigide Identität genauso wenig überzeugt wie eine diffuse: Ein Mensch mit einer diffusen Identität überlässt sich seinen einzelnen Regungen und auch seinen einzelnen Gefühlen, ohne sie zu gestalten und ins Maß zu bringen. Das Involviertsein führt zu immer neuen Aufgeregtheiten. Heute wird das eine mit (zumindest innerlicher) Energie verfolgt, morgen etwas ganz anderes. Der Zusammenhang zwischen den einzelnen Wichtigkeitsbesetzungen kommt allerdings nicht zur Geltung.

Eine rigide Identität orientiert sich demgegenüber an einem Ich-Ideal des Verstandes, das gegen alle gefühlsmäßigen Verführungen durchgehalten wird. Gefühle als Involviertsein gelten als unerwünschte Ablenkungen. Schon Gottfried Ephraim Lessing hat mit dem Major Tellheim in der *Minna von Barnhelm* einen Charakter auf die Bühne gebracht, der sich in seiner Verstandesorientierung selbst im Wege steht.[1] Was Lessing nicht zeigt: Der rigide Charakter ist besonders anfällig für eine »Dialektik der Aufklärung«, in der das Verdrängte hinterrücks zur Geltung kommt. Die als bloß ablenkend empfundenen Gefühle lassen sich meist nicht auf Dauer vergessen, sondern kommen an überraschender Stelle zum Ausdruck. Der rigide Charakter ist als unvernünftig zu bezeichnen; so sehr ein solcher Mensch sich in seinem Eigenbild auch als besonders vernünftig begreifen mag. Zwischen dem Festhalten an einem Lebensplan auch gegen Widerstände – was wir meist lobenswert finden – und einer rigiden Identität bestehen allerdings fließende Übergänge.

Es gibt eine verbreitete Sonderform des Dualismus von Gefühl und Verstand in unserer Kultur, nämlich den Gegensatz von verstandesorientiertem Selbstanspruch und gefühlter Wirklichkeit. Überzogene Erwartungen und Hoffnungen, die als eine Form des verstandesorientierten Idealismus gedeutet werden können, kippen um in eine beklagenswerte Realität im Alltäglichen. Um es am banalen, aber nicht seltenen Beispiel zu erläutern: Statt zu später Stunde den neu gekauften, angeblich so hochgeschätzten Lyrik-Autor zur Hand zu nehmen, wird es – nur heute, wegen der Müdigkeit – doch wieder die Talk-Show im Fernsehen geben.

1 Lessing, *Minna von Barnhelm.*

Wie bereits zitiert, hat Hermann Schmitz mit Blick auf Homer von halbautonomen Regungsherden gesprochen und sich zugleich gegen ein hierarchisch verstandenes Innenleben gewandt.[2] Eine personale Identität, die nicht mit der inneren Verschiedenheit der Impulse und Gefühle rechnet, neigt zur Rigidität. Ein zu starres Ich-Ideal wirkt gefühlsunterdrückend, so dass Gefühle wenig Chancen haben, gelebt zu werden. Eine rigide Identität versucht, verstandesorientiert Gefühle auszuschalten und wird auf diese Art und Weise unvernünftig.

Es ist in der Tradition der Lebenskunst für jeden selbst eine Aufgabe der individuellen Urteilskraft, das zuträgliche Maß zu bestimmen. Dies gilt auch in der Frage der Identität: Was dem einen schon ein diffuser oder ein rigider Charakter ist, mag dem anderen noch als erwünscht erscheinen. Im Übrigen kann es nicht darum gehen, die eigene Person neu zu schaffen und das Verhältnis von Verstand und Gefühl völlig zu verändern. Hier treffen wir auf klare Grenzen der Faktizität, die den Menschen als »krummes Holz in der Höhle« ausmachen. Bestimmte Gefühle können wir beim besten Willen – so unvernünftig diese auch sein mögen – nicht überwinden. So weit reicht unsere Freiheit eben doch nicht. Genauso wie Gefühle nicht immer Recht haben, sind sie auch keineswegs stets vernünftig.

Von vernünftigen Gefühlen zu sprechen, beabsichtigt nicht, Gefühle in die Welt der instrumentellen Vernunft zu überführen; denn Vernunft als Reflexionsbegriff ist gerade nicht instrumentell zu denken. Enge Vernunftbegriffe laden geradewegs zu einer schlechten Kompensation durch tatsächliche oder vermeintliche Gefühle ein. So ist ein wirkliches Interesse an der rationalen Aufwertung von Gefühlen verbunden mit einem erweiterten Vernunftbegriff, der

2 Am 10. Dezember 2003 an der Universität Rostock. Siehe bereits oben im fünften Abschnitt.

die »Machete der utilitaristischen Rationalität«[3] vermeidet. Während die Vernunft ohne Verkürzung auf Utilitarismus, Instrumentalisierung und Rationalisierung zu denken ist, macht es Sinn, auf Seiten des Gefühls das Kognitive einzubeziehen. So lässt sich eine begriffliche Annäherung von Gefühl und Vernunft denken, wenn auf beiden Seiten reduktive Begriffsfestlegungen vermieden werden.

Das Verhältnis von Gefühl und Vernunft sei noch auf den Umgang mit Gefühlen in der Argumentation bezogen. Carola Meier-Seethaler setzt sich in einem solchen Zusammenhang mit dem Slogan »Bitte keine Emotionen – bleiben wir sachlich« auseinander.[4] Wird in diesem Slogan Richtiges angesprochen, oder kommt hierin eine abzulehnende Form der Gefühlsunterdrückung zum Ausdruck? Ist die Entgegensetzung von Sachlichkeit und Emotion überhaupt akzeptabel? Ruth Cohn hat in der von ihr entwickelten Theorie der themenzentrierten Interaktion (TZI) herausgearbeitet, wie sehr es einer sachlichen Behandlung von Themen schadet, wenn Gefühle vernachlässigt werden, so dass die Einbeziehung von Gefühlen von ihr im Namen der Sachlichkeit nahegelegt wird.[5] Weil der Mensch ein psycho-biologisches Wesen ist, so ihr Ausdruck, kann es nur als fatal begriffen werden, Gefühle in Arbeitsgruppen nicht zuzulassen und in einer vermeintlich sachlichen, aber in Wirklichkeit bloß sterilen Atmosphäre arbeiten zu wollen. Mit dem Postulat »Störungen haben Vorrang« will sie dafür sensibilisieren, dass in Gruppen mit dem Dreieck von Ich, Wir und Es zu rechnen ist, wobei bei ihr in ironischer Abwandlung von Freud das Es für das sachliche Thema steht.[6] Nur wenn es in Gruppen prin-

3 So Nussbaum, *Gerechtigkeit oder Das Gute Leben*, S. 134.

4 Meier-Seethaler, *Gefühl und Urteilskraft*, S. 316 ff.

5 Cohn, *Von der Psychoanalyse zur themenzentrierten Interaktion*, u. a. S. 112: »Es erschien mir weise, diese Wirklichkeit [der Gefühle] zu bestätigen und sie als eine Tatsache anzusehen, anstatt sie zu unterdrücken.«

6 Ebd., S. 122, 113 [u. ö.].

zipiell möglich ist, Gefühle zuzulassen, kann Sachlichkeit gelingen, so dass eine Gegenstellung beider gar nicht vorliegt.

Wenn wir Beispiele der täglichen Auseinandersetzung anschauen, wird eine weitere Differenzierung im Verhältnis von Gefühl und Argumentation nahegelegt. Je nach Gegenstand der Argumentation empfiehlt sich eine unterschiedliche Gewichtung: Bei der Beurteilung komplexer Sachverhalte ist der Ausdruck von Gefühlen eher als Störung einzustufen, die im Sinne der themenzentrierten Interaktion auszuräumen sind, damit man sich dann wieder stärker der Sache widmen kann. Oder anders ausgedrückt: Die Gefühle eines einzelnen Teilnehmers (oder auch der ganzen Gruppe) können nicht als direktes Argument zur Klärung eines Sachverhaltes gelten. In ermüdenden Phasen der Argumentation allerdings, die von einer abstrakten Überkomplexität geprägt sind, kann es manchmal durchaus hilfreich sein, Gefühle auszudrücken und beispielsweise Konsequenzen von Entscheidungen auch emotional zu verdeutlichen. In einer Argumentationstheorie, die gewöhnlich nur auf die Logik der Argumentation setzt, wäre noch genauer zu klären, wann Gefühle beim Argumentieren hilfreich und wann sie unangemessen sind. Der Begriff der Angemessenheit enthält jedenfalls erneut den Maßgedanken, so dass auch für das Argumentieren dieser antike Gedanke Bedeutung hat. Angemessenheit lässt sich dabei – wie es typisch für Urteilskraft ist – nicht ausbauen als objektives Kriterium, das sich distanziert als Messlatte des Richtigen eignet. Vielmehr ist ihre Beurteilung einer abwägenden Entscheidung unterworfen. Dies gilt auch für Debatten in eher persönlichen oder privaten Situationen, gar bei Auseinandersetzungen innerhalb eines Liebes- oder Freundespaares; denn hier kann die Verleugnung von Gefühlen geradezu das Problem sein und die vermeintliche Sachlichkeit als eine schlechte Rationalisierung der zugrunde liegenden Störung dienen. »Störungen haben Vorrang« bedeutet hier zunächst, das persönliche Verhältnis wahrzunehmen und Gefühle gerade nicht auszuschließen.

Zwei Beispiele außerhalb des Täglichen mögen die Frage nach der Angemessenheit von Gefühlen noch dramatisieren: Wenn es ein Mensch in der Todeszelle oder vor dem Hinrichtungskommando schafft, sachlich zu bleiben, gilt dies manchem als tapfer und wohl auch als männlich. Dieser Topos lässt sich bis hin zu Sokrates in Platons *Apologie* und *Phaidon* zurückverfolgen, dem angesichts seiner unrechtmäßigen Verurteilung die ruhige Gefasstheit nicht abhanden kommt. Weshalb diese positive Bewertung außerhalb eines Kontextes, der die Unsterblichkeit der Seele nicht mehr selbstverständlich nimmt, beibehalten werden sollte, scheint mir fragwürdig zu sein: Einen stärkeren Grund zur Unsachlichkeit und zur starken Empörung gibt es doch nicht als die eigene Ermordung (gleichgültig, ob die Verurteilung tatsächlich auf Schuld beruht oder nicht).

Ein gegenteiliges Beispiel stellt der heute gelegentlich anzutreffende Versuch dar, soziale Interessen mit einem den eigenen Tod einkalkulierenden Hungerstreik zu vertreten und so auf Gefühle zu setzen. Wo es lediglich um Ein- und Auskommen geht, ist diese Form der Auseinandersetzung meines Erachtens emotional in einem unberechtigten Sinne. Das Zeigen von Gefühlen in einem Streit ist von vornherein weder gut noch schlecht, sondern unterliegt einer Beurteilung der Angemessenheit durch alle Beteiligten. Dies gilt genauso für Sachlichkeit, die sowohl angebracht als auch Ausdruck einer unangemessenen Coolness sein kann. Zu einer Zivilisation gehört jedenfalls beides – die Fähigkeit zu Gefühlen ebenso wie die zur Sachlichkeit.

Das öffentliche Zeigen von Gefühlen erfordert ebenfalls eine Gratwanderung: Im Fernsehzeitalter mit der Allgegenwart von Kameras auch bei persönlichsten Themen ist es zumindest ambivalent, in der Öffentlichkeit starke Gefühle zu zeigen; auch in anderen Kontexten stellt die Temperierung von Gefühlen eine prinzipielle Zivilisationsleistung dar. Der *honnête homme* ist der vom Maßgedanken geprägte vernünftige Mensch, der einen Umgang zugleich mit starken und dosierten Gefühlen gelernt hat. Ohnehin kommt es auf den Kontext an: Wo Gefühle schon bis zum Überdruss gezeigt und damit zum Klischee geworden sind, mag es geradezu vornehm sein, sich mit dem Ausdruck von Gefühlen zurückzuhalten. Gegen die eisige Kälte bloßer Sachlichkeit können Gefühle dagegen Wunder wirken und manches Eis brechen. Ein Mensch mit solchen Fähigkeiten ist weder ein in Verstand und Gefühl zweigeteiltes Wesen, noch eines mit diffuser oder rigider Identität. Nur als Gefühlswesen kann der Mensch vernünftig sein.

Zusammenfassung

1. Der Mensch lässt sich als ein »krummes Holz« deuten – ein von Endlichkeit und Schwäche gekennzeichnetes Mängelwesen eben, das keineswegs nur von erfreulichen Gefühlen geprägt wird.
2. Gefühle sind vielfältig; eine Reduktion zum Beispiel auf Leidenschaften oder bewusste Gefühle vernachlässigt diese Vielfalt.
3. Ein Dualismus von Verstand und Gefühl ist unsachgemäß: Um leiblich-seelisch zu involvieren, Besonderheit qualitativ erfahrbar zu machen und Wichtigkeitsbesetzung zu ermöglichen, benötigen Gefühle selbst kognitive Anteile. Die Vernunft hat nur im Zusammenspiel mit Gefühlen eine Chance.
4. Erkennende Gefühle wie die Kreativität lassen den Dualismus von Verstand und Gefühl hinter sich; beide sind heute im Umkreis einer instrumentellen Vernunft anzutreffen.
5. Gefühle sind Erben unserer natürlichen Gattungsausstattung und als solche unvermeidlich; Gefühle sind gleichwohl kulturell konstituiert.
6. Gefühle sind keineswegs privat und im Inneren authentisch auffindbar, sondern durch Interpretation ›konstruiert‹ und für eine Person als authentisch akzeptabel.
7. Nach einer Abwertung der Gefühle lassen sich im Überbau rationalisierter Gesellschaften Phänomene einer kompensatorischen Übersteigerung der Gefühle beobachten.
8. Leben gelingt dauerhaft nur im Einklang mit den eigenen Gefühlen.
9. Gefühle haben keineswegs immer Recht; sie setzen sich aber meist – direkt oder indirekt – trotzdem durch und bedürfen der Aneignung.

10. Es ist für den Menschen prinzipiell vernünftig, überhaupt Gefühle zu haben. Eine rigide Identität, die Gefühle zugunsten eines Ich-Ideals ausschaltet, ist ebenso unvernünftig wie eine diffuse Identität, die jedes Gefühl zulässt.

Literaturhinweise

Aristoteles: Die Nikomachische Ethik. Übers. und hrsg. von Olaf Gigon. München 1972.

Augustinus: Bekenntnisse. Eingel. und übertr. von Wilhelm Thimme. Stuttgart 1967.

– De vera religione. Über die wahre Religion. Lat./Dt. Übers. und Anm. von Wilhelm Thimme. Stuttgart 1983.

Bedford, Errol: Emotions. In: Proceedings of the Aristotelian Society 57 (1956/57) S. 281–304.

Berlin, Isaiah: Der Magus im Norden. J. G. Hamann und der Ursprung des modernen Irrationalismus. Berlin 1995.

Betzler, Monika / Guckes, Barbara (Hrsg.): Autonomes Handeln. Beiträge zur Philosophie von Harry G. Frankfurt. Berlin 2000.

Bieri, Peter: Das Handwerk der Freiheit. Über die Entdeckung des eigenen Willens. München/Wien 2001.

Blumenberg, Hans: Arbeit am Mythos. Frankfurt a. M. 1979.

– Lebenszeit und Weltzeit. Frankfurt a. M. 1986.

– Höhlenausgänge. Frankfurt a. M. 1989.

Böhme, Hartmut / Böhme, Gernot: Das Andere der Vernunft. Zur Entwicklung von Rationalitätsstrukturen am Beispiel Kants. Frankfurt a. M. 1983.

Boethius: Trost der Philosophie. Übers. und hrsg. von Karl Büchner. Stuttgart 1992.

Bollnow, Otto Friedrich: Das Wesen der Stimmungen. Frankfurt a. M. ²1943.

Camus, Albert: Der Mensch in der Revolte. Reinbek 1953.

– Der Mythos von Sisyphos. Ein Versuch über das Absurde. Reinbek 1956.

Coetzee. J. M.: Schande. Frankfurt a. M. 2000.

Cohn, Ruth C.: Von der Psychoanalyse zur themenzentrierten Interaktion. Von der Behandlung einzelner zu einer Pädagogik für alle. Stuttgart 1975.

Craemer-Rugenberg, Ingrid (Hrsg.): Pathos, Affekt, Gefühl. Philosophische Beiträge. Freiburg i. Br. / München 1981.

Damasio, Antonio R.: Descartes' Irrtum. Fühlen, Denken und das menschliche Gehirn. München/Leipzig 1995.

– Ich fühle, also bin ich. Die Entschlüsselung des Bewusstseins. München/Leipzig 2000.

Damasio, Antonio R.: Der Spinoza-Effekt. Wie Gefühle unser Leben bestimmen. München 2003.
Döring, Sabine A. / Mayer, Verena (Hrsg.): Die Moralität der Gefühle. Berlin 2002.
Dreyfus, Hubert L. / Dreyfus, Stuart E.: Künstliche Intelligenz. Von den Grenzen der Denkmaschine und dem Wert der Intuition. Reinbek 1987.
Epikur: Von der Überwindung der Furcht. Katechismus. Lehrbriefe. Spruchsammlung. Fragmente. Eingeleitet und übertragen von Olof Gigon. Stuttgart 1968.
Essbach, Wolfgang / Fischer, Joachim / Helmut Lethen (Hrsg.): Plessners »Grenzen der Gemeinschaft«. Eine Debatte. Frankfurt a. M. 2002.
Ferber, Rafael: Philosophische Grundbegriffe. Bd. 2. München 2003.
Fink-Eitel, Hinrich / Lohmann Georg (Hrsg.): Zur Philosophie der Gefühle. Frankfurt a. M. 1993.
Foucault, Michel: Die Ordnung der Dinge. Eine Archäologie der Humanwissenschaften. Frankfurt a. M. 1971.
– Wahnsinn und Gesellschaft. Eine Geschichte des Wahns im Zeitalter der Vernunft. Frankfurt a. M. 1973.
– Der Gebrauch der Lüste. Sexualität und Wahrheit. Bd. 2. Frankfurt a. M. 1986.
Forum für Philosophie Bad Homburg (Hrsg.): Realismus und Anti-Realismus. Frankfurt a. M. 1992.
Freud, Sigmund: Die Traumdeutung. Frankfurt a. M. 1991.
– Das Unbehagen in der Kultur und andere kulturtheoretische Schriften. Frankfurt a. M. 1994.
Gay, Peter: Die Macht des Herzens. Das 19. Jahrhundert und die Erforschung des Ich. München 1997.
Gehlen, Arnold: Der Mensch. Seine Natur und seine Stellung in der Welt. Wiesbaden [13]1986.
Goethe, Johann Wolfgang: Die Leiden des jungen Werthers. Stuttgart 1975.
Goleman, Daniel: EQ. Emotionale Intelligenz. München 1997.
– EQ 2. Der Erfolgsquotient. München 2000.
– (Hrsg.): Die heilende Kraft der Gefühle. München 2000.
– / Boyatzis, Richard / McKee, Annie: Emotionale Führung. München 2002.
– / Kaufmann, Paul / Ray, Michael: Kreativität entdecken. München 1999.

Hamann, Johann Georg: Sokratische Denkwürdigkeiten. Aesthetica in nuce. Stuttgart 1998.
Hartmann, Dirk / Janich, Peter (Hrsg.): Methodischer Kulturalismus. Zwischen Naturalismus und Postmoderne. Frankfurt a. M. 1996.
Hastedt, Heiner: Das Leib-Seele-Problem. Zwischen Naturwissenschaft des Geistes und kultureller Eindimensionalität. Frankfurt a. M. 1988.
– Aufklärung und Technik. Grundprobleme einer Ethik der Technik. Frankfurt a. M. 1991.
– Der Wert des Einzelnen. Eine Verteidigung des Individualismus. Frankfurt a. M. 1998.
Heidegger, Martin: Gelassenheit. Pfullingen 1959.
– Sein und Zeit. Tübingen [16]1986.
Heise, Jens: Johann Gottfried Herder zur Einführung. Hamburg 1998.
Hell, Daniel: Welchen Sinn macht Depression. Ein integrativer Ansatz. Reinbek 1994.
– Seelenhunger. Der fühlende Mensch und die Wissenschaft vom Leben. Bern 2003.
Heller, Agnes: Theorie der Gefühle. Hamburg 1981.
Hentig, Hartmut von: Kreativität. Hohe Erwartungen an einen schwachen Begriff. München/Wien 1998.
Herder, Johann Gottfried: Zum Sinn des Gefühls. In: J. G. H.: Werke in zehn Bänden. Bd. 4: Schriften zu Philosophie, Literatur, Kunst und Altertum 1774–1787. Hrsg. von Jürgen Brummack und Martin Bollacher. Frankfurt a. M. 1994. S. 233–242.
– Vom Erkennen und Empfinden der menschlichen Seele. In: J. G. H.: Werke in zehn Bänden. Bd. 4: Schriften zu Philosophie, Literatur, Kunst und Altertum 1774–1787. Hrsg. von Jürgen Brummack und Martin Bollacher. Frankfurt a. M. 1994. S. 327–394.
– Ideen zur Philosophie der Geschichte der Menschheit. J. G. H.: Werke in zehn Bänden. Bd. 6: Schriften zum Alten Testament. Hrsg. von Martin Bollacher. Frankfurt a. M. 1989.
– Tithon und Aurora. In: J. G. H.: Werke in zehn Bänden. Band 8: Schriften zu Literatur und Philosophie 1792–1800. Hrsg. von Hans Dietrich Irmscher. Frankfurt a. M. 1998. S. 221–240.
Höhn, Reinhard: Die Technik der geistigen Arbeit. Bewältigung der Routine – Steigerung der Kreativität. Bad Harzburg 1979.

Horkheimer, Max: Zur Kritik der instrumentellen Vernunft. Frankfurt a. M. 1967.
– / Adorno, Theodor W.: Dialektik der Aufklärung. Philosophische Fragmente. Frankfurt a. M. 1969.
Horn, Christoph: Augustinus. München 1995.
Houellebecq, Michel: Die Welt als Supermarkt. Interventionen. Reinbek 2001.
Hume, David: Ein Traktat über die menschliche Natur. Bd. 2: Über die Affekte. Über die Moral. Hamburg 1978.
Hutcheson, Francis: Eine Untersuchung über den Ursprung unserer Ideen von Schönheit und Tugend. Über moralisch Gutes und Schlechtes. Übers. und mit einer Einl. hrsg. von Wolfgang Leidhold. Hamburg 1986.
Illouz, Eva: Der Konsum der Romantik. Liebe und die kulturellen Widersprüche des Kapitalismus. Frankfurt a. M. / New York 2003.
Janich, Peter: Was ist Wahrheit? Eine philosophische Einführung. München 1996.
Janosch: Das Wörterbuch der Lebenskunst. München 1995.
Joyce, James: Ulysses. Übers. von Hans Wollschläger. Frankfurt a. M. 1981.
Kant, Immanuel: Die Religion innerhalb der Grenzen der bloßen Vernunft. Hrsg. von Rudolf Malter. Stuttgart 1974.
– Grundlegung zur Metaphysik der Sitten. Hrsg. und eingeführt von Theodor Valentiner. Stuttgart 1976.
– Kritik der Urteilskraft. Hrsg. von Gerhard Lehmann. Stuttgart 1976.
– Kritik der reinen Vernunft. [Werkausgabe Bd. 3 und 4.] Hrsg. von Wilhelm Weischedel. Frankfurt a. M. 1995.
– Ideen zu einer allgemeinen Geschichte in weltbürgerlicher Absicht. In: I. K.: Schriften zur Anthropologie, Geschichtsphilosophie, Politik und Pädagogik 1. [Werkausgabe Bd. 11.] Hrsg. von Wilhelm Weischedel. Frankfurt a. M. 1996. S. 31–50.
– Anthropologie in pragmatischer Hinsicht. In: I. K.: Schriften zur Anthropologie, Geschichtsphilosophie, Politik und Pädagogik 2. [Werkausgabe Bd. 12.] Hrsg. von Wilhelm Weischedel. Frankfurt a. M. 1995.
Kenny, Anthony: Action, Emotion and Will. London 1963.
Kittsteiner, Heinz D.: Die Entstehung des modernen Gewissens. Frankfurt a. M. / Leipzig 1991.

Klages, Ludwig: Der Geist als Widersacher der Seele. 2 Bde. München/Bonn [3]1954.
Kluge, Alexander: Chronik der Gefühle. Bd. 1: Basisgeschichten. Frankfurt a. M. 2000.
Das Buch Kohelet. In: Die Bibel. Altes und Neues Testament. Einheitsübersetzung. Stuttgart 1980. S. 715–728.
Kondylis, Panajotis: Die Aufklärung im Rahmen des neuzeitlichen Rationalismus. Stuttgart 1981.
Krüger, Gerhard: Die Herkunft des philosophischen Selbstbewusstseins. Darmstadt 1962.
Kulenkampff, Jens: David Hume. München 1989.
Kurbjuweit, Dirk: Unser effizientes Leben. Die Diktatur der Ökonomie und ihre Folgen. Reinbek 2003.
Le Breton, David: Schmerz. Eine Kulturgeschichte. Zürich/Berlin 2003.
LeDoux, Joseph: Das Netz der Gefühle. Wie Emotionen entstehen. München 2001.
Lessing, Gotthold Ephraim: Minna von Barnhelm oder das Soldatenglück. Stuttgart 1977.
Lessing, Theodor: Europa und Asien. Untergang der Erde am Geist. Leipzig [5]1930.
Lethen, Helmut: Verhaltenslehren der Kälte. Lebensversuche zwischen den Kriegen. Frankfurt a. M. 1994.
Levine, Robert: Eine Landkarte der Zeit. Wie Kulturen mit Zeit umgehen. München 1999.
Lichtenberg, Georg Christoph: Aphorismen. Ausgew. und eingel. von Friedrich Sengle. Stuttgart 2002.
Louden, Robert B.: Kant's Impure Ethics. From Rational Beings to Human Beings. New York / Oxford 2000.
Luhmann, Niklas: Liebe als Passion. Zur Codierung von Intimität. Frankfurt a. M. 1982.
– Soziale Systeme. Grundriss einer allgemeinen Theorie. Frankfurt a. M. 1984.
Mann, Heinrich: Der Untertan. Leipzig 1979.
Marías, Javier: Der Gefühlsmensch. Mit zwei Epilogen von Juan Benet und dem Autor. Stuttgart 2003.
Marquard, Odo: Abschied vom Prinzipiellen. Stuttgart 1981.
– Verspätete Moralistik. Bemerkungen zur Unvermeidlichkeit der Geisteswissenschaften. In: Kursbuch 91 (März 1988) S. 13–18.

Marquard, Odo: Entlastung vom Absoluten. In memoriam. In: Franz Josef Wetz / Hermann Timm (Hrsg.): Die Kunst des Überlebens. Nachdenken über Hans Blumenberg. Frankfurt a. M. 1999. S. 17–27.
– Philosophie des Stattdessen. Studien. Stuttgart 2000.
Marwedel, Rainer: Theodor Lessing. 1872–1933. Eine Biographie. Darmstadt/Neuwied 1987.
Maturana, Humberto R. / Varela Francisco J.: Autopoiesis and Cognition. The Realization of the Living. Dordrecht/Boston/London 1980.
Meier-Seethaler, Carola: Gefühl und Urteilskraft. Ein Plädoyer für die emotionale Vernunft. München 1997.
Menninghaus, Winfried: Ekel. Theorie und Geschichte einer starken Empfindung. Frankfurt a. M. 1999.
Mohr, Reinhard: Zaungäste. Die Generation, die nach der Revolte kam. Frankfurt a. M. 1992.
Montaigne, Michel de: Essais. Erste moderne Gesamtübersetzung von Hans Stilett. Frankfurt a. M. 1998.
Morton, Brian: Begegnung am Abend. München 1999.
Nagel, Thomas: Über das Leben, die Seele und den Tod. Königstein i. Ts. 1984.
Nussbaum, Martha C.: The Fragility of Goodness. Luck and Ethics in Greek Tragedy and Philosophy. Cambridge 1986.
– Gerechtigkeit oder Das Gute Leben. Frankfurt a. M. 1999.
– Konstruktion der Liebe, des Begehrens und der Fürsorge. Drei philosophische Aufsätze. Stuttgart 2002.
Oksenberg Rorty, Amélie (Hrsg.): Explaining Emotions. Berkeley / Los Angeles / London 1980.
Ollig, Hans Ludwig (Hrsg.): Philosophie als Zeitdiagnose. Ansätze der deutschen Gegenwartsphilosophie. Darmstadt 1991.
Pert, Candace B.: Moleküle der Gefühle. Körper, Geist, Emotionen. Reinbek 1999.
Petrarca, Francesco: Die Besteigung des Mont Ventoux. Lat./Dt. Übers. und hrsg. von Kurt Steinmann. Stuttgart 2002.
Platon: Phaidros oder Vom Schönen. Übertr. von Kurt Hildebrandt. Stuttgart 1991.
– Timaios. Griech./Dt. Übers., Anm. und Nachw. von Thomas Paulsen und Rudolf Rehn. Stuttgart 2003.
Plessner, Helmuth: Grenzen der Gemeinschaft. Eine Kritik des

sozialen Radikalismus. In: H. P.: Gesammelte Schriften. Bd. 6: Macht und menschliche Natur. Frankfurt a. M. 1981. S. 7–133.
Plessner, Helmuth: Die verspätete Nation. Über die Verführbarkeit bürgerlichen Geistes. In: H. P.: Gesammelte Schriften. Bd. 5: Die verspätete Nation. Frankfurt a. M. 1982. S. 7–223.
– Mit anderen Augen. Aspekte einer philosophischen Anthropologie. Stuttgart 1982.
Radkau, Joachim: Das Zeitalter der Nervosität. Deutschland zwischen Bismarck und Hitler. München/Wien 1998.
Ritter, Joachim / Gründer, Karlfried (Hrsg.): Historisches Wörterbuch der Philosophie. Basel 1971 ff.
Rorty, Richard: Freud und die moralische Reflexion. In: R. R.: Solidarität oder Objektivität. Drei philosophische Essays. Stuttgart 1988. S. 38–81.
Roth, Gerhard: Das Gehirn und seine Wirklichkeit. Kognitive Neurobiologie und ihre philosophischen Konsequenzen. Frankfurt a. M. 1994.
– Fühlen, Denken, Handeln. Wie das Gehirn unser Verhalten steuert. Frankfurt a. M. 2001.
– Aus Sicht des Gehirns. Frankfurt a. M. 2003.
Röthlein, Brigitte: Sinne, Gedanken, Gefühle. Unser Gehirn wird entschlüsselt. München 2002.
Ryle, Gilbert: Der Begriff des Geistes. Stuttgart 1969.
Sartre, Jean-Paul: Der Ekel. Reinbek 1987.
Sauder, Gerhard (Hrsg.): Johann Gottfried Herder 1744–1803. Hamburg 1987.
Scheler, Max: Grammatik der Gefühle. Das Emotionale als Grundlage der Ethik. München 2000.
Schiller, Friedrich: Über die ästhetische Erziehung des Menschen in einer Reihe von Briefen. Stuttgart 1977.
Schmid, Wilhelm: Auf der Suche nach einer neuen Lebenskunst. Die Frage nach dem Grund und die Neubegründung der Ethik bei Foucault. Frankfurt a. M. 1991.
– Philosophie der Lebenskunst. Eine Grundlegung. Frankfurt a. M. 1998.
Schmitz, Hermann: Leib und Gefühl. Materialien zu einer philosophischen Therapeutik. Paderborn 1989.
– Der Leib, der Raum und die Gefühle. Ostfildern 1998.
Schnädelbach, Herbert: Reflexion und Diskurs. Fragen einer Logik der Philosophie. Frankfurt a. M. 1977.

Schnädelbach, Herbert: Vernunft. In: Ekkehard Martens / Herbert Schnädelbach (Hrsg.): Philosophie. Ein Grundkurs. Bd. 1. Reinbek 1991. S. 77–115.
– Vernunft und Geschichte. Vorträge und Abhandlungen. Frankfurt a. M. 1987.
– Zur Rehabilitierung des animal rationale. Vorträge und Abhandlungen 2. Frankfurt a. M. 1992.
Schubert, Venanz (Hrsg.): Der Mensch und seine Gefühle. Sankt Ottilien 1985.
Schulze, Gerhard: Die Erlebnisgesellschaft. Kultursoziologie der Gegenwart. Frankfurt a. M. / New York [5]1995.
Searle, John R.: Geist, Hirn und Wissenschaft. Frankfurt a. M. 1986.
Seel, Martin: Versuch über die Form des Glücks. Studien zur Ethik. Frankfurt a. M. 1995.
Sellars, Wilfrid: Empirismus und die Philosophie des Geistes. In: Peter Bieri (Hrsg.): Analytische Philosophie des Geistes. Königstein i. Ts. 1981. S. 184–198.
Siemons, Mark: Jenseits des Aktenkoffers. Vom Wesen des neuen Angestellten. München/Wien 1997.
Simmel, Georg: Philosophie des Geldes. Frankfurt a. M. 1989.
Singer, Wolf: Der Beobachter im Gehirn. Essays zur Hirnforschung. Frankfurt a. M. 2002.
– Ein neues Menschenbild? Gespräche über Hirnforschung. Frankfurt a. M. 2003.
Smith, Adam: Theorie der ethischen Gefühle. Nach der Auflage letzter Hand übers. und mit Einleitung, Anmerkungen und Registern hrsg. von Walther Eckstein. Hamburg 1994.
Snell, Bruno: Die Entdeckung des Geistes. Studien zur Entstehung des europäischen Denkens bei den Griechen. Göttingen [8]2000.
Sousa, Ronald de: Die Rationalität des Gefühls. Frankfurt a. M. 1997.
Spinoza, Baruch de: Ethik in geometrischer Ordnung dargestellt. Neu übers., hrsg., mit einer Einl. versehen von Wolfgang Bartuschat. Hamburg 1999.
Steinfath, Holmer: Orientierung am Guten. Praktische Überlegungen und die Konstitution von Personen. Frankfurt a. M. 2001.
– (Hrsg.): Was ist ein gutes Leben? Philosophische Reflexionen. Frankfurt a. M. 1998.

Steinvorth, Ulrich: Freiheitstheorien in der Philosophie der Neuzeit. Frankfurt a. M. 1987.
Stephan, Achim / Walter, Henrik (Hrsg.): Natur und Theorie der Emotion. Paderborn [2]2004.
Strauß, Botho: Die Fehler des Kopisten. München/Wien 1997.
– Das Partikular. München/Wien 2000.
Taylor, Charles: Quellen des Selbst. Die Entstehung der neuzeitlichen Identität. Frankfurt a. M. 1994.
– Das Unbehagen an der Moderne. Frankfurt a. M. 1995.
Tetens, Holm: Geist, Gehirn, Maschine. Philosophische Versuche über ihren Zusammenhang. Stuttgart 1994.
Thomä, Dieter: Vom Glück in der Moderne. Frankfurt a. M. 2003.
– (Hrsg.): Analytische Philosophie der Liebe. Paderborn 2000.
Toulmin, Stephen: Kosmopolis. Die unerkannten Aufgaben der Moderne. Frankfurt a. M. 1991.
Tugendhat, Ernst: Egozentrizität und Mystik. Eine anthropologische Studie. München 2003.
Watzlawick, Paul: Anleitung zum Unglücklichsein. München 1983.
– Vom Unsinn des Sinns oder Vom Sinn des Unsinns. München 1992.
– (Hrsg.): Die erfundene Wirklichkeit. Wie wissen wir, was wir zu wissen glauben. Beiträge zum Konstruktivismus. München 1984.
– / Nardone, Giorgio (Hrsg.): Kurzzeittherapie und Wirklichkeit. Eine Einführung. München 2001.
Weber, Max: Wissenschaft als Beruf. In: M. W.: Gesammelte Aufsätze zur Wissenschaftslehre. Tübingen [3]1986. S. 582–613.
– Gesammelte Aufsätze zur Religionssoziologie 1. Tübingen [9]1988.
Weizenbaum, Joseph: Die Macht der Computer und die Ohnmacht der Vernunft. Frankfurt a. M. 1977.
Werle, Josef M. (Hrsg.): Klassiker der philosophischen Lebenskunst. Von der Antike bis zur Gegenwart. Ein Lesebuch. München 2000.
Wetz, Franz Josef / Timm, Hermann (Hrsg.): Die Kunst des Überlebens. Nachdenken über Hans Blumenberg. Frankfurt a. M. 1999.
Wilson, John: Ich liebe dich so wie du bist. Eine philosophische Analyse eines Gefühls. Stuttgart 1997.

Wittgenstein, Ludwig: Philosophische Untersuchungen. Frankfurt a. M. 1971.
Wollheim, Richard: Emotionen. Eine Philosophie der Gefühle. München 2001.
Zimmer, Robert: Die europäischen Moralisten zur Einführung. Hamburg 1999.

Danksagung

Ulrike Wesser, Christian Höfig, Bernhard Meyer-Probst und Dietrich Klose waren die ersten Leser dieses Textes. Ihre kritischen Bemerkungen haben mir viele Verbesserungen ermöglicht; deshalb danke ich ihnen herzlich.

Personenregister

In diesem Personenregister sind alle Autoren aufgenommen, die im Text diskutiert oder zumindest erwähnt werden; bloße Hinweise auf benutzte Literatur in den Fußnoten und im Literaturverzeichnis führen zu keinem Eintrag

Zum Autor

Heiner Hastedt, geboren 1958, studierte u. a. Philosophie an den Universitäten Göttingen, Hamburg und Bristol (Großbritannien). 1984–87 Wissenschaftlicher Mitarbeiter an der Universität Hamburg, 1988 Forschungsstipendiat der DFG, 1989–92 Wissenschaftlicher Assistent an der Universität Paderborn (im Wintersemester 1991/92 Humboldt-Gastprofessor an der Universität Ulm). Seit dem 1. Oktober 1992 Professor für Praktische Philosophie an der Universität Rostock; 1998–2002 Prorektor der Universität Rostock.

Buchpublikationen: *Das Leib-Seele-Problem. Zwischen Naturwissenschaft des Geistes und kultureller Eindimensionalität* (1988); *Aufklärung und Technik. Grundprobleme einer Ethik der Technik* (1991); *Der Wert des Einzelnen. Eine Verteidigung des Individualismus* (1998); *Sartre* (2005); *Ethik. Ein Grundkurs* (Hrsg. mit Ekkehard Martens, 1994); *Sich im Denken orientieren* (Hrsg. mit Simone Dietz, Geert Keil, Anke Thyen, 1996).

Deutsche Philosophen der Gegenwart

IN RECLAMS UNIVERSAL-BIBLIOTHEK

D. Birnbacher, Tun und Unterlassen. 389 S. UB 9392

R. Brandt, Philosophie. Eine Einführung. 297 S. UB 18137

Chr. Fehige, Soll ich? 263 S. UB 18339

F. Fellmann, Die Angst des Ethiklehrers vor der Klasse. Ist Moral lehrbar? 163 S. UB 18033

G. Figal, Nietzsche. Eine philosophische Einführung. 294 S. UB 9752 – Der Sinn des Verstehens. 157 S. UB 9492

K. Flasch, Augustin. Einführung in sein Denken. 525 S. UB 9962 – Das philosophische Denken im Mittelalter. Von Augustin zu Macchiavelli. 809 S. UB 18103. Auch geb. – Nikolaus von Kues in seiner Zeit. 116 S. UB 18274

M. Frank, Selbstbewußtsein und Selbsterkenntnis. Essays zur analytischen Philosophie der Subjektivität. 485 S. UB 8689

G. Gamm, Der Deutsche Idealismus. 275 S. UB 9655

B. Gesang, Eine Verteidigung des Utilitarismus. 142 S. UB 18276

V. Gerhardt, Pathos und Distanz. Studien zur Philosophie Friedrich Nietzsches. 221 S. UB 8504 – Selbstbestimmung. Das Prinzip der Individualität. 471 S. UB 9761

J. Habermas, Kommunikatives Handeln und detranszendentalisierte Vernunft. 87 S. UB 18164 – Politik, Kunst, Religion. 151 S. UB 9902

D. Henrich, Bewußtes Leben. 223 S. UB 18010 – Selbstverhältnisse. 213 S. UB 7852

O. Höffe, Den Staat braucht selbst ein Volk von Teufeln. Philosophische Versuche zur Rechts- und Staatsethik. 174 S. UB 8507

N. Hoerster, Ethik des Embryonenschutzes. 144 S. UB 18186 – Ethik und Interesse. 239 S. UB 18278

A. Honneth, Leiden an Unbestimmtheit. 128 S. UB 18144

P. Hoyningen-Huene, Formale Logik. Eine philosophische Einführung. 335 S. UB 9692

B. Kanitscheider, Kosmologie. Geschichte und Systematik in philosophischer Perspektive. 512 S. UB 8025

W. Lenzen, Liebe, Leben, Tod. 324 S. UB 9772

N. Luhmann, Aufsätze und Reden. 336 S. UB 18149

O. Marquard, Abschied vom Prinzipiellen. 152 S. UB 7724 – Apologie des Zufälligen. 144 S. UB 8351 – Individuum und Gewaltenteilung. 172 S. UB 18306 – Philosophie des Stattdessen. 144 S. UB 18049 – Skepsis und Zustimmung. 137 S. UB 9334 – Zukunft braucht Herkunft. 293 S. geb.

E. Martens, Philosophieren mit Kindern. 202 S. UB 9778 – Sokrates. 178 S. UB 18318 – Zwischen Gut und Böse. 222 S. UB 9635

J. Nida-Rümelin, Strukturelle Rationalität. 176 S. UB 18150 – Über menschliche Freiheit. 172 S. UB 18365

W. Pfannkuche, Wer verdient schon, was er verdient? Fünf Gespräche über Markt und Moral. 208 S. UB 18253

H. Poser, Wissenschaftstheorie. 307 S. UB 18125

R. Raatzsch, Philosophiephilosophie. 109 S. UB 18051

N. Schneider, Erkenntnistheorie im 20. Jahrhundert. 334 S. UB 9702 – Geschichte der Ästhetik von der Aufklärung bis zur Postmoderne. 352 S. UB 9457

W. Schweidler, Der gute Staat. 396 S. UB 18289

R. Simon-Schaefer, Kleine Philosophie für Berenike. 263 S. UB 9466

R. Spaemann, Philosophische Essays. 264 S. UB 7961

H. Tetens, Geist, Gehirn, Maschine. 175 S. UB 8999

E. Tugendhat, Probleme der Ethik. 181 S. UB 8250

E. Tugendhat / U. Wolf, Logisch-semantische Propädeutik. 268 S. UB 8206

E. Tugendhat u. a., Wie sollen wir handeln? Schülergespräche über Moral. 176 S. UB 18089

G. Vollmer, Biophilosophie. 204 S. UB 9396

C. F. von Weizsäcker, Ein Blick auf Platon. 144 S. UB 7731

W. Welsch, Ästhetisches Denken. 240 S. UB 8681 – Grenzgänge der Ästhetik. 350 S. UB 9612

Klassische deutsche Philosophen des 20. Jahrhunderts

IN RECLAMS UNIVERSAL-BIBLIOTHEK

Theodor W. Adorno, Philosophie und Gesellschaft. Fünf Essays. Auswahl und Nachwort von Rolf Tiedemann. 196 S. UB 8005

Walter Benjamin, Sprache und Geschichte. Mit einem Essay von Theodor W. Adorno. 176 S. UB 8775

Hans Blumenberg, Lebensthemen. Aus dem Nachlaß. 176 S. UB 9651 – Wirklichkeiten, in denen wir leben. 176 S. UB 7715

Hans-Georg Gadamer, Die Aktualität des Schönen. 77 S. UB 9844 – Der Anfang der Philosophie. Übers. J. Schulte. 175 S. UB 9495 – Der Anfang des Wissens. 184 S. UB 9756 – Wege zu Plato. 192 S. UB 18111 – Phänomenologische Interpretationen zu Aristoteles. 107 S. UB 18250

Martin Heidegger, Der Ursprung des Kunstwerkes. Einführung von Hans-Georg Gadamer. 117 S. UB 8446 – Was heißt Denken? 80 S. UB 8805

Edmund Husserl, Die phänomenologische Methode. Ausg. Texte I. Hrsg. von Klaus Held. 299 S. UB 8084 – Phänomenologie der Lebenswelt. Ausg. Texte II. 304 S. UB 8085

Hans Jonas, Leben, Wissenschaft, Verantwortung. Ausgewählte Texte. 268 S. UB 18340

Helmuth Plessner, Mit anderen Augen. Aspekte einer philosophischen Anthropologie. 215 S. UB 7886

Max Scheler, Schriften zur Anthropologie. 314 S. UB 9337

Max Weber, Politik als Beruf. Nachwort von Ralf Dahrendorf. 96 S. UB 8833 – Schriften zur Soziologie. Hrsg. von Michael Sukale. 427 S. UB 9387 – Schriften zur Wissenschaftslehre. 276 S. UB 8748 – Wissenschaft als Beruf. Nachwort von Friedrich Tenbruck. 80 S. UB 9388

Ludwig Wittgenstein, Ein Reader. 391 S. UB 9470

Philipp Reclam jun. Stuttgart